KB211555

버블경제학

결국, 돈과 경제의 흐름은 버블이 결정한다

버블경제학

오바타 세키 지음 | **정택상** 옮김

이아소

버블경제학

초판 1쇄 인쇄_ 2009년 7월 10일
초판 1쇄 발행_ 2009년 7월 15일

지은이_ 오바타 세키
옮긴이_ 정택상
펴낸이_ 명혜정
펴낸곳_ 도서출판 이아소

종이_ 대림지업
필름출력_ 소다미디어
인쇄_ 대원인쇄
제본_ 바다제책
코팅_ 서울코팅

등록번호_ 제311-2004-00014호
등록일자_ 2004년 4월 22일
주소_ 120-840 서울시 마포구 서교동 408-9번지 302호
전화_ (02)337-0446 팩스_ (02)337-0402

책값은 뒤표지에 있습니다.
ISBN 978-89-92131-18-6 03320

도서출판 이아소는 독자 여러분의 의견을 소중하게 생각합니다.
E-mail: m3520446@kornet.net

버블에 의한, 버블을 위한, 버블의 자본주의

버블 하면 우리는 흔히 '투기'를 연상한다. 하지만 그걸로 충분한 것일까? '버블=투기'라는 단순한 인식은 아래와 같이 좀 더 세분화될 수 있다.

첫째, 버블의 절정기에는 모두가 열광의 도가니에 빠져서 버블이 버블이라는 것을 깨닫지 못하고 투자한다.

둘째, 버블에 투자하면 분명히 실패한다. 버블인 줄 알았다면 투자하지 않았을걸 하고 뒤늦게 후회한다.

셋째, 버블은 위험한 것이며, 현명한 프로 투자자는 가까이하지 않는다. 어설픈 아마추어가 손을 댔다간 100퍼센트 실패한다. 따라서 버블인지 의심스럽다면 절대 투자해서는 안 된다.

넷째, 버블은 위험하며, 경제에 큰 피해를 입히기 때문에 사회나 정부로서도 버블 제거 및 재발 방지를 위해 노력할 필요가 있다. 좀 힘들기는 해도 시대의 진보와 함께 금융 시장의 발달, 금융 지식의 확산, 투자자의 성숙으로 버블의 크기와 발생 빈도는 시간이 지나면서 줄어들었다. 이제는 제어하는 것도 서서히 가능해지고 있다.

당신은 네 가지 모두에 대해 고개를 끄덕였을 것이다. 하지만 결론부터 말하자면 모두 틀렸다. 이는 무의식적인 자기기만일 뿐이다. 당신이 버블에 대하여 이런 인식을 갖고 있다면, 부자가 되기는커녕 가진 재산마저도 온전히 지킬 수 없을 것이다.

본능적으로 당신의 무의식은 버블에 대한 이런 인식을 거부하고 있을 가능성이 높다. 이미 주식 투자를 할 때, 배당금보다는 어느 시점에 팔아치워야 최대한 이익을 볼 수 있는지 고민하고 있을 것이다. 즉 당신은 눈앞에 벌어지는 주가 상승이나 부동산 가격 상승이 버블임을 알고 있고, 그 버블이 계속 커져야 자신이 이익을 본다고 생각한다(나라 경제에 대한 걱정과는 별개로 말이다).

당신의 '환상'과 다르게 (헤지펀드가 아닌!) 프로페셔널 투자자들도 버블을 최대한 이용하려고 한다. 좀 더 정확히 말해 그들은 버블을 앞장서 조장하고 당신처럼 평범한 사람들을 끌어들이려고 갖은 애를 쓴다.

앞으로는 버블이 사라지거나 적어도 줄어들 거라는 인식도 현실과는 거리가 멀다. 당신은 '설마 서브프라임 쇼크와 같은 엄청난 일을 당하고도 또 버블을 일으킬까?' 하고 고개를 갸우뚱할지 모르겠다. 답은 NO다. 앞으로도 수많은 펀드매니저들이 한몫 잡기 위해 버블을 키우고, 버블에 편승할 것이다.

30년에 가까운 주택 가격 상승에 기댔던 서브프라임 론과 같은 큰 기회는 말할 것도 없고 환경 기술, 우주 기술, 중국이나 인도 혹은 아프리카 시장의 개척 등등 털끝만 한 기회만 보여도 버블은 기승을 부릴 것이다.

당신은 '그것은 일부 생각 없고 탐욕에 빠진 사람들의 이야기 아닌가?' 하고 의구심을 품을지 모르겠다. 하지만 현실은 그렇지 않다. 현대 자본주의는 버블을 조장해야만 한다. 돈은 돌고 돌아서 이익을 내야만 한다. 금고에서 가만히 묵혀봐야 아무짝에도 쓸모가 없다. 세상에서 가장 거대한 돈 덩어리인 금융자본은 그래서 버블을 일으킨다. 그것은 산업이나 부동산에 대한 '건전한 투자'로는 도저히 만족스러운 이익을 낼 수 없을 만큼 비대해졌다.

당신이 노후를 위해 납입한 연금, 각종 보험사들이 고객으로부터 모은 보험금, 세계 각국의 정부가 복지혜택과 국민생활 보장을 위해 축적한 거대한 연기금, 탐욕에 눈이 먼 헤지펀드 등등 금융자본은 그야말로 천문학적인 규모를 자랑한다. 억과 조로도 모자라 이제는 경은 돼야 전체 규모를 설명할 수 있다.

금융자본에 철퇴를 내려서 강력한 규제와 질서를 도입한다면 이런 문제가 해결될 수 있을지도 모른다. 하지만 심지어 서브프라임 쇼크의 가해자이자 피해자인 미국조차도 어찌할 바를 몰라 당황하고 있다. 금융 기업에 막대한 공적 자금을 투입하고서도 그들 기업 내부의 부정한 보너스 지급조차 막지 못하는 것이 미국의 현실이다.

앞에서 얘기한 버블에 관한 일반상식 네 번째, "버블은 위험하며, 경제에 큰 피해를 입히기 때문에 사회나 정부로서도 버블 제거, 재발 방지를 위해 노력할 필요가 있다. 좀 힘들기는 해도 시대의 진보와 함께 금융시장의 발달, 금융 지식의 확산, 투자자의 성숙으로 버블의 크기와 발생 빈도는 시간이 지나면서 줄어들었으며, 제어하는 것도 서서히 가능해지고 있다"는 것은 21세기 현대 자본주의에는 해당되지 않는다.

현재로서는 우리들 개개인이 한시라도 빨리 버블에 대한 과거의 인식을 버리는 것이 가능할 따름이다. 오랫동안 주식 투자를 해본 사람들이라면 필자의 주장이 너무나 당연하고 재미없게 느껴질 것이다. 하지만 자신이 전혀 경험해보지 못한 영역에서 버블이 발생할 경우 우리는 쉽게 속아 넘어간다.

"중국 경제는 규모가 커서 수요가 충분하니까 절대 버블이 아니다."

"환경 기술은 인류의 문명을 근본 뿌리에서부터 뒤바꿀 일대 혁명이다. 절대 버블로 끝나지 않을 것이다."

헤지펀드나 전문 투자자들은 자신들에게 돈을 맡긴 고객들을 만족시키기 위해, 버블에 관한 우리 인식의 '허점'을 조직적이고 체계적으로 이용할 것이다(안 그러면 파산할 수밖에 없다).

거듭 강조하지만 우리는 버블이 경제를 좌우하는 시대에 살고 있다. 우리들 대부분도 노후나 자녀교육, 혹은 빠른 은퇴를 위해 버블을 이용하고 있다. 그러면서도 버블에 대한 과거의 낡은 관념에서 벗어나지 못하고 있다. 이 책은 그런 인식을 '현실'에 맞게 조정하려 한다. 주식이나 부동산, 펀드 투자 등을 통해 우리가 이미 경험하고 알게 모르게 느끼고 있던 것들이기에 그리 어렵지는 않을 것이다.

이 책의 전반부에는 버블을 합리적으로 포장하는 현대 금융공학의 메커니즘을 서브프라임을 예로 들어 간단하게 서술했다. 우리에게 익숙한 금융상품들이 어떻게 버블을 형성하는지를 되도록 쉽게 설명하고자 했다. 책의 중반부와 후반부에는 최근에 경험했던 2007년과 2008년의 실제 상황을 다큐멘터리식으로 서술하면서 버블경제의 특징적인 양상을 서술했다.

개인적으로 필자는 독자 여러분이 상황 분석과 연계하여 버블경제의 특성을 정리한 3장 이후의 내용을 보다 주의 깊게 읽어주었으면 한다. 언뜻 잔잔해 보이는 강물도 우리 몸이 휩쓸린 순간부터는 정신을 차릴 수 없는 급류가 된다. 버블 분위기에 휩쓸려 소중한 재산을 잃지 않으려면, 최소한 상황을 정확히 읽고 이성적인 판단을 내릴 수 있어야 한다. 그러려면 깔끔하게 정리된 이론도 중요하지만 그에 못지않게 격렬한 버블경제학의 센티멘털을 알아둘 필요가 있다.

Contents

버블경제학 5

버블경제의 지배자는 자본가가 아닌 그럴싸한 '스토리'

경제의 핵심은 펀더멘털이 아닌 센티멘털

패닉보다 두려운 조용한 폭락의 공포

세계 경제의 권력 교체를 부르는 버블의 붕괴

버블경제학 9

버블이 없다면 성장과 풍요도 없다

리스크를 체계적으로 은폐하는 금융공학의 마술쇼

인간의 마음이 합리적이라면 버블은 발생하지 않을지 모른다.
하지만 인간은 합리적인 이유를 만들어서 비합리적인 사태를 조장하는 존재이다.
서브프라임 사태도 대표되는 현대 금융자본주의 하의 버블은 합리적인 이성이 만들어낸
비합리적인 사태이다. 수백 년 전에 일어났던 네덜란드의 튤립 버블과 달리 현대의 버블에는
훨씬 세련되고 그럴듯한 장치가 동원됐다. 단순히 '이건 버블이 아닐 거야' 라는
개인적인 바람에 기대는 것이 아니라, 첨단의 금융공학이 앞장을 서서 버블을 조장했다.
세계적인 베스트셀러 《렉서스와 올리브 나무》에서 찬양해 마지않던 증권화라는 제도적 장치가
바로 금융공학의 산물이다. 글로벌 자본주의는 바로 이 증권화라는
마법의 눈가리개로 눈을 가리고 버블의 축제를 벌였던 것이다.

이 모든 게
'증권화' 때문이다

2007년 여름, 전 세계의 금융시장은 일대 혼란에 빠졌고 아직까지 그 충격에서 벗어나지 못하고 있다. 1929년 대공황 이후 무려 80년 만에 세계를 강타한 이 위기는 미국의 서브프라임 쇼크에서 시작됐다.

서브프라임 론은 간단히 말해서 신용 능력이 낮은 채무자를 위한 주택 담보 대출이다. 서브(sub)란 '낮다'는 의미이고, 프라임(prime)이란 '최우대'라는 말이므로, 신용 능력이 있는 채무자에게 빌려주는 것보다는 낮은 조건으로 주택 담보 대출을 제공한다는 의미다.

하지만 뜻풀이와 달리 서브프라임 론의 조건은 아주 좋았고, 때로는 파격적일 정도였다. 일반적으로 보수적인 금융기관은 담보가 부족하고 상환 능력이 없는 것 같으면 이자를 대폭 높이거나 대출 기한을 제한한다. 이와 달리 서브프라임 론은 초기 2~3년 동안은 고정 저금리를 유지하다가 그 기간이 끝나면 변동 금리로 바뀌어 금리도 높아지는 방식이었다. 개중에는 초기 저금리 기간 동안에는 원금을 변제하지 않고 이자만 지불하는 것도 있고, 이자를 전액 변제하지 않는 대신 원금이 늘어나는 것도 있었다. 심지어 주택 가격 전액을 융자해주는 파격적인 경우도 있었다.

상식적으로 이해하기 힘든 조건이지만, 서브프라임 론 스타일의 대출은 1990년대 중반부터 확대되기 시작하여 2003년 이후에 급증했다. 도대체 뭘 믿고? 바로 주택 가격이 꾸준히 올랐기 때문이다.

사실 주택 가격이 떨어지면 서브프라임 론은 채무자, 채권자 모두에게 골칫거리가 될 수 있다. 채무자로서는 초기 저금리 기간이 끝나고 매달 갚아야 할 돈이 불어나기 시작하면 원금과 이자를 지불하지 못하게 될 수 있다. 이는 고스란히 채권자의 부담으로 이어진다. 담보물인 주택을 매각해서 자금을 회수해야 하는데, 채무자의 주택 구입 가격을 전액 융자한 경우에는 개인이 구입한 주택을 구매 가격보다도 높게 매각하는 것은 통상적으로 불가능하다. 다시 말해 담보물을 팔아봐야 대출금도 건지지 못하는 것이다.

하지만 이런 위험성에도 불구하고 서브프라임 론 산업에 속한 기업들의 수익은 급신장했다. 주택 가격이 꾸준히 상승했기 때문이다. 그것도 거의 30년 가까이 말이다.

고정 수입 한푼 없는 채무자가 서브프라임 대출금을 흥청망청 탕진해버렸다고 해도 채권자인 대부업체는 크게 걱정하지 않았다. 담보물을 팔면 되었기 때문이다. 값이 오를 게 분명하고 살 사람도 널려 있다. 채무자 역시 저금리 기한이 끝나면 다른 업체에서 서브프라임 론을 빌려 원금을 갚고 다시 한 번 저금리에서 시작할 수 있었다. 주택 가격이 올랐으므로 업체들은 흔쾌히 대출을 해주었다.

누구에게나 서브프라임 론을 빌려줘도 채권자는 수익을 확보할 수 있었다. 즉 채무자의 신용 능력에 의존할 필요가 없고, 제로 리스크로 수익을 얻을 수가 있는 셈이다. 주택 가격이 오를 것이므로.

물론 주택 가격이 떨어지기 시작하면 파산은 필연이었다. 담보물을 팔아도 대출금을 전액 건질 수는 없기 때문이다. 또한 값이 떨어질 주택을 누가 제값 다 주고 사겠는가? 하지만 미국의 주택 가격은 이유야 어찌 됐건 계속 상승했다.

상승 추세가 오래 지속되면서, 이 확실한 돈벌이 수단을 기반으로 더 복잡한 금융상품들이 추가로 개발되고 널리 판매됐다. 간단히 말해 서브프라임 론 주택 대출의 채권이 기업의 주식처럼 '증권화'되고, 여기에 전 세계 투자자들이 투자를 했던 것이다. 결국 서브프라임 론이 파산하면서 그 리스크는 전 세계로 확산되어 세계 금융시장을 혼란에 빠뜨렸다.

사실 '증권화'가 아니었다면 서브프라임 사태는 미국 내부의 문제로 끝나거나 충격의 강도가 현저히 떨어졌을 것이다. 하지만 눈을 부릅뜨고 수익의 기회를 찾는 금융자본은 서브프라임 론을 그냥 내버려두지 않았다.

리스크를 '소멸'시키는
증권화의 마법

증권화는 주택 가격의 상승과 더불어 서브프라임 론 산업의 확대를 촉진한 메커니즘의 핵심 축이다. 증권화로 인해 서브프라임 론을 구매하는 투자자 층이 확대되어 풍요로운 자금이 서브프라임 산업에 유입되어 더 많은 대출이 가능해졌다.

서브프라임 론 회사는 이미 대출한 서브프라임 론을 주식 같은 증권으로 만들어 다른 투자자에게 팔아서 새로운 현금을 확보할 수 있다. 이 현금으로 신규 고객이나 돌려막기를 하려는 채무자에게 추가로 신규 서브프라임 론을 대출할 수 있다. 그러면 이 대출 채권도 주식처럼 쪼개서 다른 투자자들에게 팔고, 또 대출을 할 수 있다. 대출과 대출 채권 매각이 돌고 도는 순환이 계속되면서 서브프라임 론 회사 및 그 시장 전체의 규모가 급격히 확대되었다.

여기서 한 가지 의문이 생긴다. 투자자 입장에서 주택 담보 대출 채권은 선뜻 사기가 꺼려진다. 대출회사의 리스크를 떠안아야 하기 때문이다. 하지만 증권화를 해놓으니 없어서 못 팔 만큼 인기가 높아졌다. 투자자의 마음을 돌려놓을 뭔가가 증권화 속에 있다는 말이다.

증권화란 3단계의 가공을 통해 리스크 높은 채권을 (외견상) 안정적인 증권으로 탈바꿈시키는 금융 기법이다.

증권화 과정의 1단계에서는 다양한 실물자산(여기에선 주택 담보 대출이지만, 주택 담보 대출에만 한정되지 않는다)을 모아서, 이들 자산에서 생기는 캐시플로(현금 흐름. 기업 활동을 통해 나타나는 현금의 유입과 유출-옮긴이)에 대한 권리들을 한데 묶는다. 2단계에서는 그 권리들을 세세하게 쪼개서, 쪼갠 권리들을 각각 개별 증권(부채 담보부 증권. 차용증서를 담보로 한 파생상품-옮긴이)으로 만든다. 마지막 3단계에서는 그렇게 쪼갠 개별 증권을 각각 다른 투자자에게 판매한다. 이것이 증권화의 과정이다.

이렇게 차용증서를 모으고 나누지만, 실제로는 단순한 권리의 이전에 지나지 않으며 따라서 전체적으로는 아무런 변화가 없다. 즉 다양한 자산에서 생긴 캐시플로를 모으고 나누었을 뿐이므로 캐시플로의 총합은 당연히 동일하다. 또한 그 캐시플로를 수용하는 주체는 바뀌지만 이것이 캐시플로에 영향을 주지는 않으므로 전체적으로 아무런 변화가 없을 것이다.

그런데도 증권화를 하면 갑자기 투자자가 모여들어 그것을 구입한다. 여기에는 뭔가 비밀이 있을 것이다. 증권화가 어떻게 투자 매력을 갖게 되는지, 서브프라임 론 채권의 증권화 과정을 따라가면서 분석해보자.

증권화의 매력 ❶
리스크의 소액화　서브프라임 론 채권을 증권화할 때에는 먼저 일반적인 증권화 과정에서 설명한 것처럼 우선 채권을 대량으로 모아서, 그것을 쪼개는 수순을 밟는다. 이때 유리한 점은 소액으로 투자할 수 있다는 점이다. 잘게 쪼갰기 때문에 투자자들이 선뜻 지갑을 열게 되는 것이다.

사실 서브프라임 론 채권을 한 명이 사려고 하면 부담이 크다. 주택 가격은 아무리 싸다 해도 한 채에 몇 백만 엔이다. 게다가 몇 천 명, 몇 만 명에 대한 대출(론)을 모았기 때문에 몇 백억, 몇 천억 엔이라는 금액이 되어버린다. 이것을 한 명이 사는 것은 무리이며 리스크도 높다. 그러나 증권화를 통해 채권을 개별 증권으로 쪼개면, 예를 들어 1만 엔으로도 그 증권을 살 수 있기 때문에 투자하기 쉬워진다.

100만 엔짜리를 한 사람에게 팔기는 어려워도 1만 엔짜리를 100명에게 파는 건 어렵지 않다. 액수도 작고, 남들도 하니까 지갑 열기에 부담이 적다.

증권화의 매력 ❷
리스크를 제거하는 프로세스　증권화를 해서 쪼갤 때, 개별 증권들을 모두 똑같게 할 필요는 없다. 즉 선호 부분만 잘라내 활용할 수 있는 것이다. 예를 들면 여러 주택 담보 대출을 모은 거액의 캐시플로를 나누어 리스크가 낮은 부분과 리스크가 높은 부분으로 나눌 수가 있다. 구체적으로는 전체의 40퍼센트에 이르는 채무자가 연체했다고 해도, 확실히 채무 변제가 가능하다고 판단되는 부분만 잘라내 이에 관한 권리를 가진 채권을 만든 후 높은 등급을 매겨 시장에 내놓는다. 또한 채무 변제가 지연되면 캐시플로가 감소될 것으로 보이는 부분은 리스크가 높은 부분에다 모은다.

이렇게 하면, 채무 변제가 가능한 부분을 모은 채권은 리스크가 거의 없다. 채무자가 변제할 수 없는 리스크는 쪼개져서 다른 데로 묶였기 때문이다.

이것이 증권화를 통해 리스크를 제거하는 과정이다. 이 과정을 통해 안전한 부분만 추출된 서브프라임 론 채권의 일부는 트리플 A의 신용 등급을 가진 채권이 될 수 있는 것이다.

다른 한편 이렇게 리스크가 낮은 것을 추출한 뒤에 남는 대출 채권들은 투자 매력이 현저히 떨어지기 때문에 팔아치우려면 조금 더 머리를 써야 한다.

그래서 높은 등급을 매길 수 없었던 부분들끼리 다시 한 번 모으게 된다. 예를 들어 캘리포니아의 주택 담보 대출 채권에서 트리플 A 채권을 만든 후 남은 부분이나 뉴욕 주택 담보 대출 채권에서 트리플 A 채권을 만든 후 남은 부분 등 다양한 트리플 A 채권을 만든 과정에서 도태된 것들을 다시 한 번 모으는 것이다.

자세히 분석을 해보면 도태된 것들 중에도 채무 변제가 확실히 가능하고 수익이 생겨날 부분만을 추릴 수 있다. 이것을 트리플 A 혹은 그보다는 조금 낮은 등급을 매겨 판매한다. 트리플 A보다는 낮지만, 서브프라임 론 채권의 원래 상태와 비교하면 리스크가 훨씬 적어졌기 때문에 투자자들이 앞다투어 구입한다.

물론 다양한 종류의 증권을 만들고, 신용평가회사가 등급만 매긴다고 투자자들이 안심할 리는 만무하다. 그래서 이들 채권의 신용 능력을 더욱 보완하기 위해, 수익이나 채권에 뒤따르는 이자 지급에 대해 이중적인 보증이 이뤄졌다.

첫 번째 보증은 채무자가 변제할 수 없을 때, 주택 담보 대출회사가 그 일부를 보전하는 계약을 체결하는 것이다. 그러면 채권 변제에 연체나 디폴트가 일어나도, 채권회사가 어느 정도 책임을 지기 때문에 증권을 보유한 투자자의 수익은 어지간하면 떨어지지 않는다.

두 번째 보증은 채권회사가 파산해서 연체나 디폴트 부분을 보전할 수 없게 되어도, 모노라인(채권 등 금융시장 관련 분야에서 채권을 발행한 기업이나 금융회사가 돈을 제때 갚지 못할 때 이를 대신 지급하기로 보증해주는 채권보증회사-옮긴이)이라 불리는 다른 증권회사가 이자와 원금을 보증하는 것이다.

따라서 증권을 보유한 투자자는 이중적으로 보전받는 것이기 때문에, 이자 지급을 받지 못할 가능성이 매우 낮아진다. 즉 리스크로부터 벗어나는 셈이 되므로, 이 채권은 트리플 A라 불리는 리스크가 가장 낮은 최상위 등급을 받을 수 있는 것이다.

증권화의 매력 ❸
통계적 분산화의 이점 증권화에 의해 소액투자가 가능해지고, 리스크가 분산되는 이점은 더욱더 리스크를 떨어뜨린다. 통계학에서 다수의 법칙이라 불리는 장점이 있다. 서브프라임 론은 몇 천만 몇 백만에 달하는 대량의 대출처를 모은 것이다. 설마 이들이 작당하여 동시에 빚을 떼어먹을 가능성이 얼마나 될까? 한 건의 주택 담보 대출에서 빚을 떼일 확률이 10퍼센트라고 하면, 열 건에 대해 동시에 빚을 떼일 확률은 보통의 경우 단순히 계산하면 100억분의 1로 줄어든다. 이것이 투자처 분산의 가장 중요한 효과다.

물론 한 건의 대출에서 변제 불능이 될 때에는 다른 건이 변제 불능이 될 확률도 다소 높아진다. 어떤 지역에서 주택 담보 대출을 받은 경우 그 지역의 경기가 나빠지면 실업률이 올라가고, 그 결과 두 건이 동시에 변제 불능이 될 확률은 10퍼센트에 10퍼센트를 곱한 1퍼센트가 아니라 그보다 조금 높아질 것이다.

그런데 증권화에 의한 두 번째 이점은 이러한 리스크까지 감소시킨다. 증권화의 경우에는 캐시플로를 만들어내는 자산을 모을 때, 성격이 다른 자산을 한데 모을 수 있기 때문에 일부러 이질적인 것을 함께 섞어서 증권화하는 경우가 있다.

예를 들어 서브프라임 론만 보더라도 미국 동부에 있는 뉴욕의 주택 담보 대출과 서부 캘리포니아의 주택 담보 대출을 섞을 경우 리스크 분산의 효과가 더 강력해진다. 왜냐하면 뉴욕의 주력 산업인 금융업계의 경기가 나빠져도 서부의 주력 산업인 실리콘밸리의 IT업계는 해외 신흥국의 수요 등으로 경기가 좋을 가능성이 있기 때문이다.

또한 주택 담보 대출과 그 이외의 채권, 이를테면 신용카드의 변제에서 생겨나는 캐시플로로를 근원으로 하는 채권을 함께 증권화하면, 훨씬 더 쉽게 리스크를 피할 수 있다. 비록 주택시장이 혼란스러워도 신용카드 변제는 당장 큰 영향을 받지 않을 것이다.

서브프라임 쇼크가 일어났을 때, 서브프라임 관련 증권화 상품에 대한 비판 중에는 서브프라임 론 채권이 다양한 증권화 상품 속에 들어 있어서 주택과 관련 없는 채권의 가격까지 폭락시켰다는 주장이 있다. 증권화 상품은 질 나쁜 고기에 혼합물을 섞어 만든 분쇄육 같다는 통렬한 비판을 받았는데, 통계이론상 다양한 것을 일부러 혼합하는 것은 분산화를 통해 리스크를 떨어뜨리는 극히 합리적인 행위다. 이질적인 것이 하나가 됨으로써 각각의 리스크를 상호 소멸시켜서, 이른바 리스크는 분산되고 잘게 쪼개져서 순화되는 것이다.

이상에서 본 것처럼 증권화에 의해 리스크는 분산되고, 제거되고, 나아가 순화되었다. 그 결과 서브프라임 론 채권이라는 극히 신용도가 낮은 채권은 트리플 A라는 신용도가 가장 높은 등급의 채권으로 다시 태어나는 것이다. 해고 위험에 노출돼 있고, 경기 변동에 따라 수입도 불안정한 미국 채무자에게 빌려준 서브프라임 론 채권과 거대한 금융회사와 권위 있는 신용평가회사 및 보증회사의 보증까지 덧붙은 트리플 A 채권. 이 두 채권은 그 뿌리가 사실상 동일한데도 전혀 다른 느낌을 준다.

여기서 뿌리가 동일하다는 점에 주목하자. 이 말은 증권화에 의해선 실질적으로는 아무것도 생겨나지 않는다는 뜻이다.

왜냐하면 지금까지 설명한 방법은 모두 리스크를 이전(!)할 뿐이며, 경제 전체의 리스크가 줄어들거나 없어지거나 하는 것은 아니기 때문이다. 리스크를 분산하더라도, 리스크를 쪼개 제거하더라도, 보증을 통해 리스크 부담 주체를 바꾸어도, 나아가 분산화에 의해 통계적으로 통제하여 리스크를 순화해도 리스크의 총량 자체는 변하지 않는다.

리스크가 이전하여 리스크의 소재지가 바뀐 것뿐이다. 경제 전체에서 보면 증권화로 인해 바뀐 것이 없는 것 같다. 새롭게 생겨난 가치도 없어 보인다. 하지만 그럼에도 증권화는 중요한 의미를 지닌다.

리스크 오더 메이드
– 어쨌건 나에겐 리스크가 감소했다!

우리는 원래의 자산에서 생겨난 캐시플로와 그것에 수반된 리스크를 모으고 쪼갬으로써 만들어진 새로운 수익과 리스크의 조합(!)에 주목해야 한다. 경제 전체로는 달라진 게 없을지 몰라도, 그 결과 생겨난 증권은 개별(!) 투자자의 입맛에 꼭 알맞은 금융상품으로 맞춰졌기 때문이다.

리스크를 모으거나 쪼개는 과정은 앞에서 살펴보았다. 새롭게 등장한 것은 리스크를 개별 투자자에 맞춰서 가공했다는 것이다.

이것은 생산 공정이 같더라도 이미 만들어진 기성 셔츠보다 개개인의 체형에 꼭 맞는 오더 메이드 셔츠가 더 가치 있는 것과 같은 이치다. 고객은 자기 몸에 꼭 맞는 셔츠의 가치를 더 높게 인정하기 때문에, 그만큼 비싼 가격을 치르게 된다. 즉 리스크를 모아 쪼갠 것을 개별 투자자의 기호에 맞춰 조합함으로써 투자자에게 더 가치가 있는 금융상품으로 맞춰주는 것이다.

자산에 수반된 리스크를 재조합하여 본질적인 가치의 더 큰 증대를 야기하는 중요한 메커니즘은 바로 이러한 리스크와 리턴의 오더 메이드인 것이다.

리스크가 낮은 투자를 바라는 투자자에게는 수익이 적어도 리스크가 거의 없는 증권을 만들어 판매한다. 방면 다소 리스크가 높더라도 높은 수익을 바라는 투자자에 대해서는 하이 리스크 하이 리턴(high risk high return : 고위험 고수익) 증권을 만들어서 판매한다.

이렇게 해서 서브프라임 론 채권은 개별 투자자의 리스크 기호에 맞춰 가공되며, 증권화 상품으로 판매된다. 개별 투자자로서는 개별 주택담보 대출처럼 그대로는 투자할 수 없었던 자산이 투자 가능한 증권화 상품이 되었기 때문에 투자 가치가 있는 것이다. 더욱이 그것은 모든 투자자에 대해서 동일하게 만들어진 틀에 맞춘 자산이 아니라 각자의 기호에 맞는 투자상품이기 때문에 훨씬 큰 가치를 가지고 있다.

옷감 그대로는 전혀 가치가 없지만, 그것을 셔츠로 만들면 회사에 입고 갈 수 있는 사용가치가 만들어진다. 더욱이 그 셔츠가 오더 메이드로 몸에 꼭 들어맞으면 그 가치는 더욱 높은 것과 같다.

여기에서도 경제 전체적으로 리스크의 총량이 변화하는 것은 아니다. 경제 전체적으로 리스크의 분포는 변하지만, 리스크 총량은 줄어들지 않고, 본질적으로 리스크가 변질되거나 감소하는 것은 아니다. 하지만 그럼에도 불구하고 가치가 만들어진다. 리스크의 오더 메이드에 의해 리스크가 각각의 투자자에 맞춘 이상적인 형태가 됨으로써 동일한 리스크의 총량이라도 각각의 투자자가 느끼는 가치의 합계는 증가하는 것이다.

이것은 금융이론에서의 교과서적인 '증권화'의 의의이며 가치다. 증권화에 의해 새로운 가치가 창조되는 것이며, 금융시장의 발달, 경제 활동의 발전이 가능해지는 것이다.

그러나 서브프라임 쇼크의 과정에서 분명해진, 진정한 '증권화'의 본질은 더욱 깊숙한 곳에 자리 잡고 있다. 그것은 이론을 넘어선, 금융시장의 본질, 인간의 본성인 '욕망'에 깊이 연결되어 있다. 증권화 속에서 리스크는 근본적으로 변질된다.

적은 돈으로 누구나 버블을 키우는 금융 투기의 대중화

한 사람이 고속도로를 무단으로 건너면 매우 위험하다.
하지만 10명이 따라가고, 그 뒤를 이어 100명이 따라가고 수천 명이 고속도로를 무단으로 횡단한다면 어떻게 될까? 결국에는 교통법규를 반드시 지켜야 한다는 사람마저 따라가게 된다. 한 명이 하면 범법이요 생명을 담보로 한 미친 짓이 되지만 모두가 하면 '트렌드'가 된다. 바로 이것이 버블을 조장하는 금융공학의 메커니즘이다. 현대의 금융공학은 증권화를 통해 온갖 자산들에 도사리고 있는 리스크를 은폐시켜버렸다. 노벨상까지 수상한 최고의 엘리트들과 국가와 거대 기업의 다양한 제도적 보증을 믿고 너나없이 리스크에 뛰어든 대다수의 사람들은 리스크가 아예 소멸(!)했다는 착각에 빠진다. 덕분에 예전이라면 일부 소수만이 건드릴 수 있었던 리스크 높은 투자의 세계에 너나없이 많은 사람들이 뛰어들었다. 금융투기가 대중화돼버린 것이다. 아이러니하게도 이 상황에서 가장 손해를 보는 것은 신중하고 건전하며 도덕적인 투자자들이다. 모두가 자기 물건을 팔아치울 계산만 하는 동안 그들은 장기적으로 '보유'해서 안정적으로 꾸준한 수익을 거둘 생각을 한다. 하지만 그들이 구매한 증권은 버블 붕괴와 동시에 휴지 조각이 돼버린다.

누구나 쉽게 사고 **쉽게 팔아치운다**

표준화된 상품은 구매자에게 복잡한 평가의 부담을 덜어준다. 그만큼 구매자 수도 늘어나고 물건의 가치도 (수요-공급 법칙에 따라!) 높아진다.

개별 주택 담보 대출 채권의 가치를 평가하려면 그 주택의 규모나 건축 연도만이 아니라 지역 특성이나 주변 건물과의 입지 관계, 근린 주민과의 관계 등 정형화할 수 없는 정보를 자세히 조사할 필요가 있다. 그렇기 때문에 부동산 감정사 등이 필요하며(과연 믿을 만한 사람이기는 할까?), 평가하는 데 시간과 비용이 많이 들고, 거래 비용도 높다.

반면 표준화된 상품은 그 자산의 특성들이 모두 리스크와 수익에 반영되기 때문에, 복잡한 개별 자산 특성을 고려할 필요가 없다. 즉 개별 토지나 주택 소재 지역의 특성이나 방 배치의 효율성 등은 더 생각하지 않아도 된다. 아무리 복잡한 구조라도 리스크와 수익의 수치를정밀 조사하면 충분한 것이다.

이렇게 되면, 이 투자 상품을 분석하는 전문가들이 급증한다. 또한 한 명의 우수한 인재나 컴퓨터가 대량의 자산을 정밀 조사할 수 있게 되므로, 규모의 이익이 생기고 분석 비용이 급감한다.

그 결과 이 투자 상품을 구매하는 투자자층이 급증한다. 이것이 투자 대상 자산을 표준화했을 때 얻게 되는 최대 이점이다.

이를테면 도쿄의 고급 주택가인 센다이의 아파트가 매력적인 가격으로 시장에 나왔어도, 관심을 가진 투자자는 나타나지 않는다. 흥미를 가지는 것은 센다이의 지역 부동산 점포이거나 기껏해야 도쿄의 부동산 펀드일 것이다.

반면 이 아파트가 다수의 다른 지역의 아파트와 함께 주택 계열 리츠(REIT: Real Estate Investment Trust, 부동산 투자신탁)로 구성되어, 도쿄 증권거래소에 상장된다면 어떻게 될까? 이 경우에는 은행 예금이자보다 높은 이익 회수를 추구하는 연금 생활자, 개인투자자에서 지방 은행, 연금 자금 등의 기관투자가 그리고 해외 기관투자가, 펀드까지 모든 투자자의 투자 대상이 될 것이다.

이렇게 지금까지 무관심의 대상이었던 자산에 갑자기 전 세계 투자자들이 몰려드는 것은 개별 주택의 개별 요소에 대한 분석, 평가에 대한 부담이 사라지고 그 자산이 투자 상품으로서 리스크와 리턴(수익)이라는 표준화된 틀에 따라 평가되기 때문이다. 그렇지 않은 현물 부동산이나 부동산 론 채권의 경우에는 빚을 떼일 확률이 제로에 가까워도, 일반

투자자로선 리스크와 수익을 분석하기가 어렵기 때문에 아무래도 부담스러울 수밖에 없다.

아파트와 같은 원래 자산이 증권화에 의해 리스크와 수익이라는 형태로 표준화되고 투자 상품이 되면, 대다수 투자자가 분석, 평가하고 투자할 수 있다. 하지만 더 큰 이점이 생겨난다. 상품화됨으로써 투자자를 괴롭히는 최대의 리스크가 비약적으로 경감되는 것이다.

투자자에게 최대 리스크란 무엇인가? 예를 들어 주택 담보 대출 등 부동산 융자의 경우를 생각해보자. 채무자가 변제 불능 상태에 빠지는 것이 최대 리스크라고 생각하기 쉽지만, 그렇지는 않다. 투자한 자산을 팔고 싶을 때 팔 수 없는 것, 주택 담보 대출 채권을 다른 투자자에게 전매할 수 없는 것이 최대 리스크다.

대다수 투자자의 투자 대상이 되는 증권화 상품은 리스크가 극히 낮은 투자 상품이다. 왜냐하면 증권화 이전과 물리적으로는 동일한 자산이라도, 다수의 잠재적인 투자자가 있어 팔고 싶어도 팔 수 없는 상황이 일어날 확률이 크게 낮기 때문이다.

금융 이론에서는 이렇게 팔고 싶어도 팔 수 없는 상황이 일어날 가능성을 유동성 리스크라고 부른다. 반대로 잠재적 투자자와 거래량이 많은 투자 상품은 유동성이 높기 때문에 유동성 프리미엄이 붙는다고 한다. 두 가지 자산이 같은 리스크와 수익 구조를 가지고 있더라도, 유동성이 높은 자산은 그만큼 가격이 높아진다.

예를 들면, 일본 주식시장 전체가 크게 하락한 2006년 1월의 라이브도어 쇼크(2006년 1월 일본의 유명 벤처기업인 라이브도어의 호리에 다카

후미 사장이 주가 조작과 분식회계 혐의로 구속된 사건–옮긴이) 때, 라이브도어 관련 종목은 당연히 폭락했지만, 그 이외의 소형 신흥 종목도 지속적으로 큰 낙폭을 기록했다. 라이브도어 쇼크로 손실을 입은 개인투자자들이 이들 종목을 구매할 수가 없게 되어 구매자가 사라졌기 때문이다. 이들 종목은 손실이 급증하고 곤경에 빠진 투자자가 헐값에 내놔도 팔리지 않고, 가격이 형성될 수 없을 정도로 폭락을 거듭했다.

한편 도요타 등의 대형주는 이 하락을 기회로 본 외국인 투자자나 헤지펀드, 연금 자금 등이 매수 주문을 넣은 까닭에 거래량이 폭증하여 유동성이 확보되었다. 도요타 주식을 보유한 투자자는 소형 신흥 종목의 투자자와 달리, 대량으로 보유하고 있어도 팔고 싶으면 그 주식을 매각해서 자산을 현금화할 수가 있었다.

현금화를 하고 싶을 때 할 수 없는 유동성 리스크를 고려하는 것은 투자에서 극히 중요한 사항이다.

최대의(가장 중요한) 리스크란 최악의 궁지에 몰렸을 때의 위험도이므로[전문 용어로는 'VaR: Value at Risk(위험관리시스템)'적 사고방식이다], 시장 전체 시세가 폭락했을 때나 개인이 재정적으로 파산하게 되었을 때 헐값으로 팔더라도 바로 현금화할 수 있는지 여부가 리스크 관리의 최우선 사항이다. 어떤 투자 상품이건 유동성이 높은 투자 상품은 유동성이 낮은 투자 상품보다 훨씬 리스크가 적고, 가치가 높다.

따라서 어떤 자산이 표준화에 의해 투자 '상품화'되고, 이 투자 상품을 투자 대상으로 하는 투자자가 비약적으로 늘어나면, 가격이 대폭 상승하게 된다. '상품화'에 의한 고객층 확대가 유동성 증대를 낳고, 이것이 투자 '상품'의 가치를 올리는 것이다.

증권화를 통해 개별 자산이 쉽게 매매할 수 있는 표준화된 상품이 되면서, 고객은 늘어나고 가치는 대폭 증대됐다.

가격 상승을 부추기는 **'표준화'**

자산이 리스크와 수익 표준화를 통해 '상품화'되면 다수의 투자자를 불러 모아 유동성이 비약적으로 높아진다. 그에 따라 이 자산에 투자하는 리스크가 대폭 줄어든다. 같은 상품이라도 사려는 사람이 늘어나면 가격은 오른다. 전형적인 수요와 공급의 법칙이다.

거듭 강조하지만, 원래 자산(가령 월세가 끊길 수도 있는 아파트)의 리스크가 변한 것은 아니다. 하지만 증권화는 여러 단계의 가공을 통해 투자 리스크를 줄여 자산 가격을 폭등시킨다.

자산의 '상품화'는 기업의 수익 상황이나 채권의 캐시플로 그 자체를 개선하는 것이 아니다. A아파트 관련 채권이 상품화됐다고 해서 A아파트의 월세가 대폭 오르거나 하는 건 아니다(주변에 좋은 학교나 회사, 혹은 지하철이 생긴다면 모를까). 하지만 '상품화' 과정을 거치면서 개별 투자자들이 감수해야 했던 리스크가 하나둘씩 사라지고(주변 시세의 체계적인 하락이 일어나며, 이것이 가격 상승을 초래한 것이다) 쉽게 팔릴 수 있게 되다 보니, 수요자가 늘어나 자산 가치가 증대됐다는 말이다.

즉 자산의 '상품화'는 연쇄적으로 가격 상승을 부를 가능성이 높다. 그리고 이 '상품화'야말로 자산 가격의 연쇄적 상승 메커니즘의 본질이다.

A아파트는 세입자들이 잘 찾지 않는다. 그래서 월세가 지속적으로 나오지 않거나 끊길 리스크가 적잖이 있다. 주인은 고심 끝에 이를 어떻게 해서 증권으로 만드는 데 성공했다. 원래 A아파트는 리스크가 높은 자산이었지만, 증권이라는 형태로 상품화되어 가격이 낮아지면 항상 투자자가 진입할 가능성이 있다. 즉 A아파트가 아니라 증권을 투자자가 가격에 따라 구매할 가능성이 있다.

어쨌건 A아파트 증권은 리스크가 높다. 증권화됐다고 해서 갑자기 세입자가 느는 것도 아니고 세입자의 경제 상황이 획기적으로 개선될 리도 없다.

그런데 이렇게 리스크가 높은 증권을 고수익을 추구하는 투자자가 산다. 이 투자자는 크게 돈을 벌 가능성이 있다면 손해 볼 가능성이 아무리 높아도 큰 기회를 노리고 산다. 높은 리스크를 회피하지 않는 것이다. 그러나 원래 아무도 투자하지 않으려 한 것이므로 가격은 매우 낮고 손실액은 한정적이며, 성공했을 때의 수익은 크다.

이렇게 리스크를 안는 것은 재력이 풍부하고, 세계적으로 유명한 투자자에게 한정된다. 다소 손실을 입더라도 재무 상황이 흔들리지 않는 투자은행 등의 기관투자가와 소수의 유명한 펀드나 개인투자자들이 투자하는 것이다.

그런데 재미있게도 유명하고 평판 높은 투자자가 샀다고 하니 다른 투자자들이 흥미를 보인다.

'저렇게 유명하고 평판 높은 투자자가 설마 손해 보는 장사를 하겠어? 내가 모르는 투자의 묘미가 있는 기회임에 틀림없어!'

처음에 리스크를 안은 저명 투자자들은 다음에 진입해온 투자자들에게 투자한 증권의 일부를 전매한다. 그들은 당연히 산 가격보다 비싸게 판다. 그 결과 리스크가 높은 투자 상품의 가격은 상승한다. 이렇게 해서 처음에 투자한 유명 투자자들은 이익을 일부 실현한다.

그럼 두 번째 산 투자자들은 어떨까? 그들도 유명 투자자가 샀기 때문에 샀다고는 해도, 꽤 리스크가 있는 자산이라는 것은 이미 알고 있다. 따라서 가격이 조금 내려가는 정도로는 동요하지 않기 때문에 산 가격보다 낮은 가격으로는 매각하지 않는다. 가격이 하락하는데 팔 사람은 없다.

다른 한편 유명 투자자가 산 것을 좇아서 다른 투자자도 샀다는 말을 듣고서, 여기에 편승하려는 투자자가 나온다. 그 결과 수요와 공급의 원리에 따라 가격은 상승하고 실제로 높은 가격으로 거래가 성립된다. 처음의 투자자, 두 번째 투자자들은 자기들이 산 가격보다도 싼 가격으로는 매도하지 않기 때문에 항상 이전의 거래보다도 높은 가격으로 거래가 성립할 수밖에 없다.

이렇게 해서 가격 상승세가 만들어진다. 유명 투자자가 사고, 기민한 투자자들도 이 투자 상품에 모여들고, 그리고 가격은 지속적으로 상승한다. 이러한 조건이 갖춰지면 다른 투자자들도 사려고 몰려든다.

여기에서 본질적인 변화가 나타나기 시작한다. 이 자산의 거래 가격은 그때까지는 자산에서 장래 얻을 수 있는 캐시플로를 기준으로 결정되었다. 그런데 이 단계부터는 그 이외의 요소로 결정된다.

즉 처음에는 장래의 캐시플로가 어느 정도 올라갈 것인가에 관한 정밀 조사를 토대로 투자자끼리의 상대 교섭으로 거래 가격이 결정된다. 여기에서는 장래의 캐시플로에 대한 리스크 인식의 차이가 매도자와 매수자로 나눈다. 즉 장래의 캐시플로가 확실하게 올라갈지 어떨지, 기업의 채권이라면 기업이 도산하지 않고도 제대로 이자를 지불할 수 있을지 어떨지에 관해서 상대적으로 낮은 확률을 예상하는 투자자가 팔고, 높은 확률을 예상하는 투자자가 산다.

그러나 서서히 투자자의 층이 넓어지고, 매매가 활발하게 이뤄지면 이 채권을 만기까지 보유하려는 투자자는 아주 적어진다. 그리고 매년 얻을 수 있는 캐시플로로 애초의 투자 자금이 회수될 수 있을까 하는 관점에서 가격을 결정하는 것이 아니라, 자신이 이제부터 살 가격보다도 장래 높은 가격으로 팔 수 있을지 어떨지 하는 관점에서 현재의 가격이 낮은가 높은가를 판단하게 된다. 이러한 변질은 투자에서 투기로의 변화로도 이해할 수 있다. 그러나 여기에서 중요한 것은 투자냐 투기냐 하는 것이 아니다.

중요한 것은 투자를 위한 의사결정의 초점이 캐시플로를 확실히 얻을 수 있는지 여부에 관한 리스크가 아니라, 다른 투자자에게 팔 수 있는지 여부에 관한 리스크로 이동한다는 것이다. 즉 투자자의 관심의 초점이 수익성 리스크로부터 유동성 리스크로 이동하는 것이다.

리스크 소멸이라는 **놀라운 마법**

앞에서 서술한 것처럼 투자자들에게는 유동성 리스크가 관심의 초점이다. 투자 대상 자산의 '상품화'를 가능케 한 증권화는 이러한 유동성 리스크를 극적으로 낮춘다. 증권화를 통해 유동성이 확보됨으로써 투자 리스크가 낮아지고, 자산의 가격이 오른 것이다.

여기에서 핵심은 초기 투자자들의 입장에서는 리스크가 더 이상 리스크가 아니게 된다는 점이다. 리스크가 더 이상 리스크가 아니게 되는 마법과 같은 일이 증권화에 의해 일어났다. 이것이 증권화의 진정한 마법이며, 바로 여기에 증권화의 본질이 있다.

리스크가 더 이상 리스크가 아니게 된다는 것은 어떤 의미일까?

아무도 관심을 주지 않던 자산에 투자할 때는 리스크가 뒤따른다. 아무도 관심을 주지 않았던 이유는 이 자산이 캐시플로를 창출하지 않기 때문이 아니다. 캐시플로를 창출하지 못한다면, 어떠한 경우에도 투자는 성립할 수 없기 때문이다. 그 자산이 투자자를 끌어들일 수 없는 이유는 캐시플로가 없기 때문이 아니라 유동성이 없기 때문이다.

유동성이 없는 자산에 투자할 경우 그 자산을 영구히 소유할 수밖에 없고, 그 자산이 발생시키는 캐시플로를 장기간에 거쳐 찔끔찔끔 수확하는 것 말고는 방법이 없다. 이렇게 되면 재정 사정이 나빠지거나 다른 투자 기회가 생겼을 때 즉시 현금화하려고 해도 할 수 없는 문제가 생긴다. 즉 리스크가 매우 높은 자산이 되어버리는 것이다.

예를 들어 A라는 사업가가 몇 십 년 동안 모은 여유 자금으로 100억 엔짜리 건물에 투자를 했다고 하자. 가격이 너무 높아서 이 건물을 선뜻 사려는 사람이 쉽게 나오지 않아도 매달 500만 엔 정도의 월세가 나온다. 그런데 사업 실적이 악화되면서 현금이 필요해졌다. 물건을 보러 온 사람들은 한결같이 A의 좋지 않은 사정을 알고서는 가격을 30퍼센트, 50퍼센트 후려친다. 월세를 쏠쏠하게 받을 때는 좋았지만 막상 목돈이 필요할 때는 100억 엔의 가치를 전혀 발휘하지 못한다.

팔고 싶을 때 팔 수 없다면, 예를 들어 재정 사정이 나빠졌을 때 팔 수 없다면, 그 자산에 대한 투자는 파산 리스크를 안게 되는 것과도 같다.

따라서 이렇게 유동성 없는 자산에 투자하는 사람은 매우 적고, 자산 가격은 크게 낮아진다. 즉 유동성이 없다는 높은 리스크를 반영하여 큰 폭의 할인이 이뤄지고, 장래의 캐시플로의 기대치에 비해서도 터무니없이 낮은 가격이 매겨진다(매달 500만 엔이면 20년 안에 건물 매입 가격을 회수할 수 있다).

이러한 경우, 이 자산에 투자하는 최초의 투자자는 자기가 팔고 싶을 때 팔 수 없다는 리스크를 이미 인지한 상태에서 투자를 하는 셈이 된다. 즉 그는 자금의 여유가 있기에 최악의 경우 이 자산을 현금화할 수 없어도 상관없다는 전제에서 투자를 하는 것이다. 그러나 이 투자자도 새로운 투자 기회가 생겼을 때 갈아탈 수가 없기 때문에, 역시 리스크를 안고 있다. 돈 벌 기회를 잃는다는 의미에서는 비용이 들기 때문에 이 기회비용만큼 할인한 가격으로 리스크를 부담한다.

그런데 누군가 투자함으로써 다른 투자자가 추종하고, 그 추종이 다른 추종을 부르게 되면, 유동성 부족 때문에 팔고 싶을 때 팔 수 없는 유동성 리스크는 소멸한다. 투자자의 유입이 가격 상승 동향을 만들어내는 것이다. 여기에서 유동성 리스크는 누군가의 투자 및 그에 추종하는 다른 투자자의 구매에 의해 사라지는 것이다.

이렇게 투자자의 추종이 추종을 부르는 과정에서는 리스크는 더 이상 리스크가 아니게 된다.

금융공학으로 완성되는
리스크 없는 비즈니스 모델

이렇게 리스크를 리스크가 아니게 하는 과정이 성립하려면, 이 자산에 투자하려는 투자자들의 저변이 넓어야만 한다. 유력한 투자자가 투자하거나 가격 상승세가 이어질 거라는 전망을 반영하여, 이 자산에 뛰어드는 투자자가 폭넓게 존재할 필요가 있다. 그러한 투자자가 다수 존재하면, 유동성 리스크는 당연히 소멸하며, 가격은 더욱 상승한다.

수많은 투자자들이 이 자산을 투자 대상으로 생각한 것은 표준화에 의해 가능했다. 즉 자산의 특성이 리스크와 수익이라는 표준화된 2개 사항에 응축되어 상품화되었기 때문이다. 표준화가 없었다면 가격 상승세도 일어나기 어렵고, 그것이 가속하는 경우도 없었을 것이다.

그러나 더욱 본질적인 것은 증권화라는 자산의 상품화가 없었다면 가격의 상승 경향이 생겼다고 해도 투자자가 확대되지 않았을 것이다.

그 경우에는 유동성의 대폭적인 확대로 이어지지 않고, 따라서 가격의 상승세도 지속될 수 없기 때문에 리스크는 리스크로서 남을 것이다.

그런 의미에서 증권화는 훌륭한 마케팅 기법이다. 증권화 비즈니스란 이 기법을 활용하여 확실하게 구조적으로 돈 벌 수 있는 틀을 짜내는 것이다. 증권화는 구조 금융〔structured finance: 현재까지 개발된 다양한 금융상품들과 위험 관리 수단들을 적절히 혼합, 자금 수요자나 공급자의 다양한 수요를 맞출 수 있도록 금융 구조를 활용하는 금융기법. CBO(채권담보부증권), ABS(asset backed securities: 자산담보부증권), MBS(mortgage backed securities : 주택저당채권), REITs(Real Estate Investment Trusts: 리츠) 등은 structured finance의 일종인 증권화 상품에 해당한다-옮긴이〕으로도 불린다.

증권화를 통해 초기에 투자한 투자자들의 입장에서 본다면, 증권화는 리스크를 감수한 투자가 아니다. 그것은 리스크를 리스크가 아니게 만듦으로써 이익을 올리는 이익 창출 메커니즘이다.

투자은행의 은행가들은 시장 변동으로 돈벌이를 노리는 헤지펀드의 펀드매니저를 야만인이라고 부른다. 머리를 써서 리스크를 감수하지 않으면서도 확실하게 돈 벌 틀을 만들어, 스스로 손을 더럽히지 않는 자신들이 지적으로 세련되었다고 보는 것이다(헤지펀드의 생각은 다르다).

물론 자기가 만든 증권화 상품에 대한 투자는 언뜻 봐서는 리스크를 떠안는 것 같지만, 결과적으로 보면 유동성이 높아짐에 따라 리스크가 사라져버린다. 더욱이 가격은 상승세를 유지하기 때문에 수익이 확실하다. 가격 상승세를 보고, 다른 투자자들은 이 증권은 리스크가 그리 높지 않은 것 같다고 생각하기 시작한다. 게다가 원래 자산(증권화의 토대가 된 자산, 예를 들면 주택 담보 대출 채권)에 의한 캐시플로가 착실히 형성되고 있다면, 그 증권화 상품의 가치는 확실한 것이 된다.

그 결과 투자자들 사이에서 그 자산이 캐시플로를 발생시키는 과정(비즈니스 모델)의 장기적인 안정성에 대한 관심은 희박해지고, 과거의 캐시플로의 숫자만이 중요해진다. 이렇게 해서 이 증권은 원래 자산, 원래 비즈니스 모델과 분리되어 수치를 토대로 한 수학적 평가 모델에 의해 가치를 부여받게 된다.

이 시점에서 현란하게 등장하는 것이 바로 신용평가회사와 금융공학을 이용한 이론 모델이다.

신용평가회사는 금융공학을 구사한 고도의 수학 모델로 리스크/리턴 분석을 하지만, 비즈니스 모델의 근본적인 결함을 정밀 조사하는 경우는 거의 없다. 과거의 캐시플로 및 변제 상황 등의 '실적'과 같은 결과만 보고서 확실한 근거가 있다고 간주하고, 투자해도 리스크가 적을 것 같으면 높은 등급을 매긴다.

물론 프로페셔널의 세계에서 실적은 중요하다. 하지만 결과는 결과일 뿐이다. 과정에서 나타날 수 있는 다양한 시나리오 가운데 하나가 현실화된 것일 뿐이다. 그것을 실현 가능한 유일무이한 필연적인 결과로 파악한다면 곤란하지 않을까?

예를 들어 2003년에 서브프라임 회사 B의 실적이 대단히 좋았다고 하자. 그들이 예전에도 좋았던 것은 아니며 2007년에는 십중팔구 파산했을 것이다. 하지만 신용평가회사인 C는 2004년 초의 평가에서 B회사의 채권에 최고 등급인 트리플 A를 매긴다.

고도의 금융공학 모델의 분석이 아무리 현란하다 해도 우리가 주목해야 할 것은 분석 대상이 과거의 데이터라는 사실이다. 그 모델로 분석하는 과거의 실적은 주택시장의 상승 국면만 분석하여 얻은 매우 편협한(!) 데이터일 가능성이 있다.

여기에다 증권의 가격 상승도 리스크가 낮다는 평가를 뒷받침하는 것이 된다. 가격 상승은 이제부터 하락할 가능성이 높다는 것을 보여주는 단순한 버블일 수도 있는데, 신용평가기관은 그 위험성에 관해서는 고려하지 않는다. 시장 전체, 경제 전체의 구조에 대한 통찰 없이 그 증권만을 부분적으로 분석하는 것이다.

이런 식이라면 어떠한 비즈니스 모델이라도 증권화할 수 있을 것이다. 즉 미심쩍은 비즈니스 모델이 만들어내는 캐시플로에 기초한 증권화라도 지금까지의 실적, 즉 과거의 캐시플로가 안정되어 있다면 매력적인 증권이 될 수 있다.

극단적으로 말하면 피라미드 조직에서도 파산 직전까지는 극히 훌륭한 캐시플로를 만들어낼 수 있다. 어떻게 해서든 가입자만 늘어난다면, 실제로 팔리는 물건이 없어도 트리플 A 등급을 받을 수 있다는 말이다. 보통 피라미드 조직은 몇 년을 못 버티지만 혹시 서브프라임 론처럼 10년 이상 지속한다면 피라미드 회사의 채권을 토대로 온갖 파생상품이 만들어지고, 매력적인 투자 상품이 될 수도 있을 것이다.

건전한 투자자를
지옥 불에 몰아넣는 두 번째 속임수

여기에서 또 한 번 증권화에 의한 자산의 변질이 일어난다.

최초의 변질은 실물자산인 원래 자산이 투자 상품으로 '상품화'되고, 마케팅에 힘입어 폭넓은 투자자가 선망하는 상품으로 변질되는 것이다. 그 결과 이 자산의 본질적인 리스크는 자산이 만들어내는 캐시플로를 확실히 얻을 수 있을지 어떨지 하는 리스크로부터 이 '상품'이 장래 팔고 싶을 때 팔 수 있는가, 어떤가 하는 유동성 리스크로 변질되었다. 이 변질에 의해 원래 자산의 수익 안정성에 대한 관심은 없어지고, 팔 수 있는가 없는가 하는 다른 투자자의 의향과 동향만이 중요해졌다.

그리고 저변이 넓어진 투자자 전체에게 판매할 목적으로 다시 한 번 리스크를 변질시킨다. 즉 유동성 리스크에 기초하여 평가된 투자 상품을 다시 유동성 리스크에 의한 평가로부터 자산의 수익성이라는 실제에 기초한 리스크에 의해 평가되는 자산으로 변질시키는 것이다.

그 이유가 무엇일까? 그것은 투자를 통한 이익이나 배당 등 투자의 채산성을 생각하는 투자자가 있어야만, 최후의 구매자(투자자)가 있을 수 있기 때문이다. 다음에 사줄 투자자를 찾는, 전매를 노리는 투자자만으로는 더 높은 가격으로 전매할 수 없다는 불안이 고조되는 순간, 이 투자 상품의 시장이 파산해버릴 가능성이 있는 것이다.

개인투자자나 연금기금 등 최종적인 구매자가 될 수 있는 투자자의 진입을 뒷받침하는 것은 신용 등급이라는 보증과 과거의 실적, 두 가지였다. 이 두 가지를 토대로 서브프라임 론 채권 증권화 상품이 높은 가격으로 팔렸던 것이다.

증권화에 의한 자산의 '상품화' 과정을 다시 한 번 살펴보면서, 두 차례에 걸친 리스크의 변질에 관해서 구체적으로 생각해보자.

우선 여기에 자산이 있다고 하자. 그 자산은 주택 담보 대출 채권이건 고층 아파트이건 주차장이건 상관없다. 어쨌든 장래에 캐시플로를 발생시킬 것으로 기대되는 자산이다. 이자나 월세, 주차장 이용 요금 등이 정기적으로 통장에 들어올 것이다.

흔히 말하는 리스크란 이 자산에서 기대되는 장래의 캐시플로가 불확실하다는 점이다. 아파트 세입자가 월세를 못 내고 있는데 새로운 세입자는 나타나지 않을 수 있다. 주차장 위치가 나빠서 파리만 날릴 수도 있다. 주택 담보 대출의 채무자가 갑자기 직장에서 쫓겨나는 바람에 원금은커녕 이자도 못 낼 형편이 될 수도 있다. 이러한 온갖 종류의 장래 수익에 대한 불확실성이 바로 리스크다.

하지만 이러한 자산들을 대량으로 모은 다음, 전혀 새로운 기준으로 쪼개고 재구성하여 증권화한다면 어떤 일이 벌어질까?

원래의 자산은 이제 리스크와 수익이라는 객관적인 수치로만 평가된다. 아파트이건 주차장이건 주택 담보 대출 채권이건 상관없이 리스크와 수익만으로 평가되는 것이다. 숫자만 남고 각종 골치 아픈 요소들은 잊어버린다. 집주인으로서는 세입자들의 상황에 얽힌 실업률이나 경기 상태까지 걱정할 필요가 없어진다. 편리하기는 또 얼마나 편리한지 모른다. 모호하고 불확실한 요소들은 계산을 할 수 없지만 리스크-리턴 모델은 고도의 수학 모델에 기초한 금융공학 기법으로 금융상품 가격을 분석할 수 있다(이런 편리함과 확실성 덕분에 금융공학과 금융상품 시장은 서로 상승 효과를 일으키며 순식간에 확대됐다).

증권화는 원래의 자산을 리스크와 리턴으로만 표현되는 표준적인 금융상품으로 만든다. 이것이 바로 '상품화'다. 이제는 실체를 지닌 자산이 결과적으로 캐시플로만으로 평가되는 상품으로 변질된다.

이 상품화에 의해 투자자층이 급속하게 늘어났다. 자산인 상태에서는 정밀 조사하고 평가할 수 있는 투자자 이외에는 이 자산을 살 가능성이 없었다. 상가에 투자하려면 유동인구가 얼마나 되는지, 주요 구매층의 비중은 어떤지, 경기 흐름은 어떨 것 같은지 등등 수많은 요인들을 따지고 또 따져봐야 한다. 학교 공부보다 더 골머리를 앓아야 할 지경이다.

만약 상가를 토대로 금융상품이 개발된다면 상황은 달라진다. 단순히 리스크와 수익이라는 숫자만 평가하면 되기 때문에, 모든 투자자가 이 증권화된 투자 상품을 살 가능성이 생겼다.

정말이지 금융공학에 기반한 증권화와 상품화는 성공적인 마케팅 기법이다. 성공적인 마케팅으로 투자 상품에 대한 수요가 늘어나면 자연히 가격도 상승한다. 브랜드만 보고 고가의 의류나 가방을 척척 사는 것과 다를 바 없다. 실제로 유력 투자자가 투자를 한 후, 증권화된 투자 상품의 가격이 오르기 시작하면 잠재적인 투자자층은 증권화 상품을 사기 시작하고 가격 상승세는 가속화됐다.

원래의 자산은 캐시플로의 실적이라는 결과적 수치만으로 평가되는 상품이 된다. 이런 증권화와 그에 수반한 상품화로 리스크의 성격도 변질된다. 월세나 이자와 같은 캐시플로가 어떻게 될지 모른다는 리스크에서, 이 투자 상품이 내가 원하는 가격에 팔리지 않을 수도 있다는 리스크로 바뀐 것이다.

즉 다른 투자자들의 심리적 동향이야말로 최고의 리스크가 되었다. 타인의 가치관이 장차 어떻게 바뀔까?

나를 제외한 다른 투자자 집단들이 어디로, 어떤 속도로 흘러갈 것인지를 모든 투자자들이 유심히 지켜볼 수밖에 없다. 경제의 펀더멘털에서 비롯한 리스크는 찾아볼 수도 없다. 사회적 의식의 흐름이야말로 가장 신경 써야 하는 리스크가 돼버렸다.

그러나 펀더멘털이라는 실체로부터 한번 괴리됐던 증권화 상품은 다시 한 번 실체로 회귀하려고 한다. 최종적인 구매자, 막판에 모든 덤터기를 쓸 희생양이 필요한 것이다. 아이러니하게도 그들은 아파트 월세, 주차장 요금, 대출 이자 등 견실한 실체에 관심이 많은 견실하고 성실한 투자자들이다.

오직 팔아치우는 데만 관심이 있는 투자자들만 줄줄이 늘어섰다면, 과연 팔리기는 할까 하며 전전긍긍할 수밖에 없다. 싸게 사서 빠른 시간 안에 비싸게 팔아치우려는 투자자는 만기까지 보유하려는 견실하고 성실한 투자자가 절대적으로 필요하다. 그들은 가장 확실한 구매자이기 때문이다.

실물경제의 흐름과 괴리된 채로는 견실하고 성실한 투자자들을 '유혹'할 수 없다. 여기에서 다시 한 번 신용평가기관들이 힘을 발휘한다. 이들 투자 상품의 유동성 여부가 아니라 캐시플로를 보증하는 것이다. 신용평가기관의 평가는 마치 대출 이자가 제때 꼬박꼬박 나올 것이다, 이 아파트는 잘 팔릴 것이다 등등의 메시지를 담고 있는 듯 보인다.

하지만 신용평가기관의 평가에는, (예를 들어) 주차장의 비즈니스 모델 속에 감춰진 리스크에 대한 평가 따위는 들어 있지 않다. 마치 그럴 듯한 실체를 토대로 내린 평가처럼 보이지만, 사실은 리스크와 수익이라는 수치만으로 평가된 것이다.

견실하고 성실한 투자자에게 절실히 필요한 정보, 다시 말해 주차장 비즈니스 모델의 리스크 등등의 상세한 내용은 없다. 그냥 숫자로 만들어서 컴퓨터로 처리하기 쉬운 파편적인 정보를 대량으로 모은 것일 뿐이다. 앞서도 말했듯이 정말 중요하게 분석해야 할 것은 장래의 리스크 가능성이다. 과거의 실적은 수많은 가능성 중 하나에 지나지 않는다. 거기에 너무 과도하게 가산점을 주고 분석한다면, 장래는 과거의 실적과 마찬가지가 될 뿐이다.

이는 정밀도가 현저히 떨어지는 클론(복제)이다. 겉모습은 비슷한데

자라면서 온갖 질병에 시달리는 복제 양과 비슷하다. 하지만 어찌 된 노릇인지 투자자들은 트리플 A라는 등급에 실체가 있는 것처럼 의도적으로 착각함으로써 자신의 투자를 합리화한다.

실체가 있는 것처럼 보여도 실제로 실체는 없다. 서브프라임 론 채권 증권화 상품시장은 유동성이 높아서 투자자들에게 인기가 비등하고, 가격은 계속 상승했다. 이것은 실체가 없는 가격 상승, 즉 버블 그 자체였다.

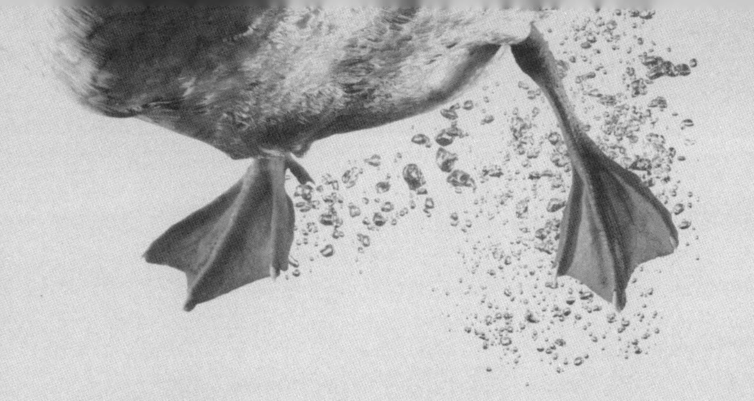

털끝만 한 기회도 '버블'로 만드는 금융자본의 탐욕

우리는 엄청난 버블이 붕괴되는 순간에 절절한 교훈을 얻는다.
경제학자나 관료들뿐만 아니라 평범한 월급쟁이들도 그렇게 생각한다.
모두들 다시는 그런 일이 벌어지지 않을 거라고 확신한다. 과연 그럴까?
10년이 지나면 강산이 변하듯, 비참했던 전쟁마저도 몇 세대가 흐르면 잊히고
'조국을 위해 희생하라'는 목소리가 높아진다. 버블의 교훈도 사라진다.
몇몇 양심적인 소수의 경제학자들은 이를 경고하지만 대중들은 무시한다.
프로페셔널 금융 엘리트들은 오히려 이를 이용한다. 심지어 1920년대의 광적인 열기와
말도 안 되는 궤변을 생생히 경험했던 대공황 세대마저도 서브프라임 사태를 이용하여 돈을 벌었다.
우리는 이미 서브프라임의 교훈을 망각하고 있다. 누구나 제2의 서브프라임 시대가 도래한다면
기꺼이 올라탈 것이다. 21세기의 금융자본은 돈을 벌 기회에 목이 말라 있기 때문이다.

돈만 벌 수 있다면 **뭐든 투자한다**

앞장에서 보았던 것처럼 증권화의 본질은 리스크를 변질시킨 것이다. 그 결과 리스크는 리스크가 아니게 되며, 버블이 팽창하게 된다. 결국 그 버블이 터지게 되는 것도 리스크 변질에 따른 필연적 결과다.

리스크 변질에 따른 버블 붕괴가 현실화된 대표적인 사례가 서브프라임 쇼크였다. 즉 서브프라임 쇼크의 본질은 리스크 테이크(risk take: 위험 감수) 버블과 그 붕괴였던 것이다.

리스크 테이크 버블이란 무엇인가? 그것은 대다수 투자자가 리스크를 가진 자산에 투자한 결과, 리스크가 더 이상 리스크가 아니게 되어 결과적으로 그들 모두가 돈을 벌게 될 뿐만 아니라, 이에 자극받은 다른 투자자들까지도 리스크 자산에 몰려드는 상황을 가리킨다. 리스크 테이크 버블은 필자가 만들어낸 신조어인데, 이 장에서는 이것을 서브프라임 쇼크를 소재로 삼아 분석하기로 하겠다.

서브프라임 쇼크란 2007년 8월 프랑스 금융기관 BNP파리바가 펀드 해약 동결을 발표한 것을 계기로 세계 금융시장이 대혼란에 빠진 사건(프랑스 최대 은행인 BNP파리바 은행이 미국 서브프라임 모기지 손실에 대한 우려로 자산 유동화 증권에 투자한 3개 펀드를 동결한 것-옮긴이)을 가리킨다. 이것을 발단으로 세계는 금융 위기에 빠졌으며, 현재(2008년 7월)까지도 혼란에서 벗어나지 못하고 있다.

각국 정부, 미디어, 이코노미스트들은 서브프라임 론 혹은 증권화 그 자체, 그리고 이들을 지원해준 신용평가기관을 표적으로 비난을 쏟아내고 있다. 그런데 서브프라임 관련 증권화 상품(이하 서브프라임 관련 증권)에 관하여, 냉정하게 생각해보면 몇 가지 의문이 생긴다.

첫 번째, 서브프라임 채권을 증권화한 투자 상품은 수익에 비해서 리스크가 지나치게 높은 것처럼 보인다. 그럼에도 불구하고 정크(쓰레기)라 불러도 좋을 이 투자 상품에 어째서 서구의 투자은행, 헤지펀드, 연기금 등 프로 중의 프로인 세계 일류 투자자들이 몰려든 것일까?

두 번째, 글로벌 초일류 투자자들이 버블을 발생시킨다는 게 말이나 되는 소리일까? 서브프라임 관련 증권에 대다수 투자자가 몰려든 결과 가격이 상승하고, 버블이 되었다. 하지만 이 버블이 터져서 큰 손실을 낸 것은 아마추어는 물론 아니며 투자의 프로 중에서도 프로였다. 그들은 왜 오류를 범했을까? 그들이 버블을 발생시키는 것이 가능한 일인가?

세 번째 의문은 설령 서브프라임 관련 증권이 버블이 되고 붕괴했다고 해도, 그런 미국의 일부 증권화 상품의 버블 붕괴가 왜 주택 관련에만 머무르지 않고 혹은 미국 국내에만 머무르지 않고 전 세계 금융시장 전체에 영향을 미치고 있는가 하는 것이다.

첫 번째 의문, 왜 세계 일류의 투자자가 서브프라임과 같은 정크(쓰레기)에 투자했는가에 대한 답은 투자 대상은 정크이든 그렇지 않든 상관없다는 것이다. 투자 대상의 실체에 관계없이 어쨌든 "돈을 벌 수 있다면 뭐든 좋다"는 천박한 진리, 실은 이것이 투자의 왕도이며 그들은 여기에 충실했을 뿐이다.

세계 일류의 투자자라면 '실물'과 같은 투자 초보자나 금융 교과서가 중시하는 요소에는 상관하지 않는다. 왜냐하면 투자자가 노리는 것은 시세차익(증권, 선물계약과 옵션 등을 포함한 자본자산을 거래할 때 매입 가격과 매각 가격의 차이로 발생하는 차익–옮긴이)이며, 구매한 가격보다 비싸게 파는 것만이 목적이기 때문이다. '실물' 우량이라 해도 비싸게 팔 수 없으면, 투자 대상으로서는 의미가 없다. 따라서 '실물'은 어쨌건 상관없이 가까운 장래에 비싸게 팔 수 있을 것으로 보이는 서브프라임 관련 증권이라면 절호의 투자 대상이었던 것이다.

문제의 핵심은 결국 투자자들이 서브프라임 관련 증권을 비싸게 팔 수 있다고 거의 확신하게 된 근거다. 앞서도 말했듯이 털끝만 한 가능성만 보여도 금융자본은 움직인다.

알아보기 쉽게 리스크와 수익만으로 표현된, 다시 말해 '상품'화된 서브프라임 관련 증권은 폭넓은 투자자들의 투자 대상이 되었다. 서브프라임 관련 증권은 지속적으로 가치가 상승했는데, 세 가지 요인이 이런 상승을 부채질했다. 이들 세 가지가 상승 효과를 일으켜 가격 상승이라는 현상에 정당성을 부여하고, 향후에도 상승세가 지속될 것이라는 예상에 설득력을 부여했다.

양치기 소년이 돼버린
리스크에 대한 경고의 목소리

가격 상승의 첫 번째 요인은 예측과 현실의 차이에 의한 것이었다. 서브프라임 주택 담보 대출 채권은 사전의 리스크 예측과는 달리 실제로는 변제 불능 사태가 거의 일어나지 않았다. 이를테면 제로였다는 것이다. 무척 높을 것으로 예상됐던 변제 불능 리스크가 현실 세계에서는 실현되지 않았던 것이다.

원래 예상된 리스크가 높았기 때문에 그전까지 이 증권은 리스크를 반영하여 값싸게 거래되었다. 그러나 변제 불능 사태가 일어나리라는 시나리오가 현실화되지 않았기 때문에, 그 증권을 보유한 투자자는 확실한 캐시플로를 확보할 수 있었다.

예를 들면 20억 엔의 자금을 보유한 투자자가 100명에게 2,000만 엔씩 주택 담보 대출을 융자했다고 하자. 사전에 예측을 해보니 100명 중에 20명이 변제할 수 없다는 결과가 나왔다. 변제할 수 없는 경우에는 담보 주택을 팔아 한 채당 1,000만 엔을 회수할 수 있다. 이 경우에 투자자의 손익 기대치는 이자율 10퍼센트로 빌려준 후 10년 안에 회수한다고 할 경우, 대략 14억 엔의 수입이 나온다(1년 후의 1억 엔과 10년 후의 1억 엔의 가치는 실제로는 다르지만, 복잡한 복리 계산은 생략하자).

우선 금리 수입이 매년 1억 6,000만 엔으로 10년간에 걸쳐 16억 엔이 된다(변제 불능 20명을 뺀 80명×10년×200만 엔). 변제 불능자 20명이 4억 엔의 원금을 떼먹었지만 담보물을 팔아서(1,000만 엔×20명) 원금 손실은 2억 엔이다.

이익 합계인 14억 엔을 원금 20억에 더하면 34억 엔이 되기 때문에, 복리 계산을 생략하면 연리 7퍼센트의 운용 결과가 나온다.

이번에는 평균적인 변제 불능에 관한 리스크 예측이 실현되지 않고, 전액 변제가 이뤄졌다고 하자. 이 경우에는 이자율이 10퍼센트이므로 연리 10퍼센트로 자금을 운용하는 셈이 된다. 따라서 사전 예상 7퍼센트와 현실 결과인 10퍼센트의 차이만큼 기대를 상회하는 이익을 확보하게 되는 것이다.

이러한 기대 수익과 실현 수익의 차이는 어디에서 생겨나는 것일까? 변제 불능에 빠진 사람이 100명 중 20명이 나올 거라는 예측은 평균적인 것에 불과하며, 실제로는 변제 불능 0명부터 100명 전원 변제 불능까지 모두 가능성이 있다. 이중에서 변제 불능이 0명이라는 가장 운이 좋은 경우가 실현됨으로써 실현 수익이 높아진 것이다.

즉 기대를 상회하는 이익은 행운일 뿐이다. 수익은 10퍼센트가 아니라 5퍼센트일 가능성도 있다. 1만 엔을 주고 산 복권이 7,000만 엔에 당첨된 것이나 마찬가지일 수 있다는 말이다.

그러나 서브프라임 론의 경우에서는 이 7퍼센트와 10퍼센트 수익의 차이는 단순히 운이 아니다. 이것이 중요하다! 10퍼센트의 수익, 즉 변제 불능이 전혀 일어나지 않은 경우가 실현된 것은 운을 넘어서 그렇게 될 수밖에 없는 메커니즘 때문이다.

어째서 변제 불능 제로가 필연이었을까? 그것은 채무자가 변제 불능이 된 경우 담보 주택을 매각하여 전액 회수하는 것이 가능했기 때문이다.

어떻게 전액 회수가 가능했을까? 채무자가 신중해서, 변제 불능에 대비하여 담보가치의 절반밖에 빌리지 않았기 때문은 아니다. 그것은 주택 가격이 계속 상승했기 때문이다. 주택 가격이 치솟아서 담보가치도 계속 상승한 결과, 융자액이 담보가치를 하회하는 경우는 있을 수 없었다. 그 결과 변제 불능 제로가 현실화되었다. 즉 주택시장의 버블로 인해 서브프라임 론 채권이 이익을 형성할 수 있었던 것이다. 이것이 서브프라임 관련 증권이 지속적으로 가격 상승을 이룬 두 번째 이유다.

게다가 이 주택 가격의 폭등은 이따금 있는 일이 아니었다. 사전에 예상된 것이었다. 최근 20년 동안 미국 부동산 시장은 하락한 경우가 없었을 뿐만 아니라 최근 10년 동안에는 부동산 가격이 매년 눈에 띄게 상승했다. 이 사실에 근거하여 대부분의 사람들은 앞으로도 상승이 지속되리라 기대했다. 여기에서 '대부분의 사람'에는 서브프라임 관련 증권을 산 투자자만이 아니라, 서브프라임 론의 채권자인 주택 담보 대출

회사나 그 채무자까지 포함된다. 이들 모든 관계자가 주택시장의 지속적인 상승을 예상하고, 그 예상을 전제로 행동했던 것이다.

채권자는 당연히 주택시장의 지속적 가격 상승을 예상했다. 예상이라기보다 그것을 대전제로 주택 담보 대출회사의 비즈니스 모델을 만든 것이다. 서브프라임 론이란 신용 능력이 낮은 채무자에게 융자하는 것이기 때문에 정상적으로 심사를 하면 융자를 해줄 수 없다. 은행 등 보수적인 금융기관은 그들에 대해 지금까지 융자를 하지 않았고 서브프라임 론 시장은 미개척 시장으로 남아 있었다. 30년 론 같은 것을 서브프라임 론으로 제공하는 것은 이론적으로도 불가능했다. 미국처럼 해고가 손쉽고 고용 유연성이 높은 사회에서 30년 후의 채무자의 수입 따위를 예상하는 것이 가당키나 하겠는가. 채무자의 지속적인 수입을 믿고 융자해주는 것은 애초부터 무리였던 것이다.

채권자인 서브프라임 론 회사는 채무자가 급료 등의 수입에 기초하여 30년에 걸쳐 상환하는 것을 애초부터 전혀 기대하지 않았다. 담보물인 주택을 매각하거나 신규 주택 담보 대출로 이전 대출을 계속 돌려막도록 해서 상환을 시키는 것이 그들의 그림이었다.

한편 채무자도 기꺼이 서브프라임 론 융자를 받았다. 내 집은커녕 융자도 생각할 형편이 못 되던 사람들이 옳다구나 쾌재를 부르며 채권자가 바라는 돌려막기 상환을 실행했다. 걱정할 것은 없었다. 주택 가격이 상승하면서 구매한 가격보다도 비싸게 매각할 수 있었기 때문이다. 론을 완전히 갚아도 채무자에게는 이익까지 남았다. 이 이익을 토대로 다시 주택 담보 대출을 빌리면 그전보다 넓은 주택을 살 수 있었다. 그리고 구매한 주택의 담보가치는 올라갔기 때문에, 새로운 론은 과거보다 거액이 되었다. 그 결과 채무자가 이용하는 자금이 증가하고, 동시에 주택 담보 대출회사의 융자도 증가하게 되었던 것이다.

그럼 매각하지 않고 같은 집에 계속 거주하는 경우에는 어땠을까? 주택 가격의 상승에 의해 담보가치가 올라가기 때문에 론을 돌려막음으로써 이 경우에도 과거보다 거액의 서브프라임 론을 받을 수 있게 되었다. 이렇게 해서 채무자는 현금을 확보할 수 있었다.

현금이 남았다고 해도 사실은 채무가 늘어난 것뿐이었지만, 대다수 채무자는 아랑곳하지 않고 그 현금을 흥청망청 소비했다. 아시아와 유럽에서 수출된 대형 액정 TV나 신차는 그렇게 해서 팔려나갔다.

집을 담보로 빌린 돈으로 물건을 구입한다? 우리에게는 이들의 소비 행태가 낯설고 이상하게 느껴질 수도 있지만, 주택 가격의 상승이 계속된다는 전제 아래에서는 자연스러운 일이다. 빌린 돈도 늘어나지만, 자산으로서의 주택 가치도 올라가기 때문에 주택 가격의 상승에 따른 자산의 증가분을 소비하는 데 써도 장래가 곤란해질 것이라고는 생각할 수 없었다.

물론 그래도 의문이 남을 것이다.

'30년에 걸쳐 꾸준히 대출금을 상환해야 하는 거 아니야? 미국 사람들은 저축 따위엔 별 관심이 없거나 성실하지 않은 게 틀림없어.'

하지만 애초부터 매달 착실한 변제 따위는 불가능했다. 서브프라임 론은 처음 2~3년 동안은 변제액이 적지만 그 후에는 급격히 늘어난다. 원래 수입이 적거나 불안정하여 일반적인 주택 담보 대출을 이용할 수 없는 서브프라임 론의 채무자들로서는 이를 감당할 수 없다. 초반에야 어떻게든 갚을 수 있을지 몰라도, 변제액이 급증하면 매달 꼬박꼬박 지불하기 힘들다. 꾸준하게 상환하는 선택지는 처음부터 없었던 것이다.

비상식적인 것이
가장 합리적이었던 서브프라임 론

이렇게 생각하면 일견 비상식적인 서브프라임 론도 실은 극히 합리적이라는 것을 알 수 있다. 채무자의 입장에서 볼 때는 언제든 주택 가격이 오르면 팔 수 있으므로 가능한 한 거액의 차입을 하는 편이 좋다. 물건도 크고 고액인 편이 낫다. 그만큼 매각에 따른 이익이 커지기 때문이다. 그러나 정기적인 수입이 적기 때문에, 매달 상환액은 적은 편이 좋다. 이렇게 적은 상환액으로 가능한 한 거액의 차입을 한다. 이것이 바로 돈을 버는 요령이었다.

거액을 빌릴 경우 수입이 없는 채무자에게는 이자마저도 적잖이 부담스러울 수 있다. 하지만 주택 가격이 오른다면 이 또한 그리 대수롭지 않다. 실제로 만기까지 꾸준히 상환할 가능성은 없기 때문이다. 계약서에는 3년 후에 매달 상환액이 급증한다고 적혀 있을지 모르지만, 실제로 그런 거액을 돌려줄 일은 없으니 누구 하나 신경 쓰지 않았다.

물론 채무자의 이러한 선택은 주택 가격이 상승을 거듭하리라는 확신에 기초한 것이다(집값이 오르지 않는다면 극히 리스크가 높은 것이다). 다른 시나리오에 대해서는 어느 누구도 생각하지 않았다. 실제 미국에서는 과거 10년 동안 주택 가격이 떨어지는 일은 없었고, 원래 그런 시나리오를 생각하는 의심병자는 애초부터 서브프라임 론 따위에 눈길도 주지 않았다.

즉 채권자도 채무자도 주택 가격의 지속적인 상승에 의존한 비즈니스 모델과 라이프스타일을 확립했던 것이다. 물론 그것은 주택 담보 대출이라는 허울을 쓴 도박에 지나지 않았지만 채권자로서는 확실하게 계속 이길 수 있는 도박이었다.

채권자에게는 이기는 도박 정도를 넘어 리스크 없이 돈을 벌 수 있는 비즈니스 모델이기도 했다. 이것이 서브프라임 관련 증권의 가치가 상승을 거듭한 세 번째 이유였다.

채무자는 깊이 생각하지 않고, 주택 가격이 계속 상승할 것이라는 지나친 낙관을 가지고서 주택을 사들였다. 이는 도박 그 자체였다. 다른 한편 채권자는 론 제공 말고도 다른 구석에서 이익을 올리기 때문에 도박을 벌인 게 아니었다. 채권자의 비즈니스 모델을 다시 한 번 확인해보자.

서브프라임 론은 처음 2~3년 동안에는 금리가 싸서 별 이득이 없는 것처럼 보인다. 하지만 융자 계약 시의 수수료가 매우 비싸기 때문에 채권자는 거액의 수수료 수입을 챙긴다. 그리고 2~3년 후에는 채무자의 상환 능력을 넘어서는 수준으로 상환액이 껑충 뛰기 때문에 채무자는 돌려막기를 할 수밖에 없다.

이때 채권자는 채무자에게 다른 집을 사도록 유도하고 새롭게 론을 제공한다. 주택을 다시 사지 않고 같은 집에 살면서 다른 업체의 론으로 바꿀 가능성도 물론 있다. 하지만 예정보다 앞당겨서 상환할 경우에는 또다시 거액의 수수료를 뗄 수 있다. 신규로 론을 대출해준 업체가 거액의 수수료를 챙긴 것은 당연지사다. 만의 하나, 채무자가 돌려막기를 하지 않아도 2~3년이 지난 후에는 고금리의 이자를 상환해줄 것이다.

이러나저러나 어차피 채권자에게는 큰 이익이 돌아오는 것이 서브프라임 론의 비즈니스 모델이었다.

더욱이 론 회사는 (한 패거리라 할 수 있는) 주택 판매회사와의 제휴를 통해서도 수수료를 챙겼다. 주택 판매회사로서도 론을 안지 않으면 주택을 팔 수 없기 때문에 서브프라임 론 회사에 전면적으로 협력했다.

이들 수입에 의해 만일 채무자가 상환을 하지 못해도, 그때까지 꽤 큰 액수를 수수료라는 형태로 회수했다. 따라서 상환 불능을 걱정하지 않아도 되었다.

스스로 버블을 키우고 유지하는 데 **혈안이 됐던 대출업체들**

서브프라임 론은 주택 가격의 상승에 의존해서 상승한 것만은 아니다. 오히려 집값 상승을 부추기기도 했다.

서브프라임 론은 집을 갖고 싶어도 대출이 어려워서 살 수 없던 사람들에게 내 집 마련의 꿈을 실현시켜주었다. 그들 중에는 미국 사회에 어렵사리 진입하여 고생하던 이민자도 많았다. 그들에게 주택 담보 대출을 빌리도록 하는 것은 사회적으로 매우 바람직한 일이라고 생각할 수 있다.

다른 한편 이것을 미국의 주택시장 전체에서 보자면, 새로운 수요가 갑자기 늘어나는 셈이다. 보통은 주택 담보 대출을 끼고 구입을 촉진해도 가진 집을 팔아서 새로운 집을 살 뿐이기 때문에 주택시장 전체의 수급 균형에는 큰 변화가 없다. 인구가 증가하거나 핵가족화되거나 혹은 한 사람이 여러 채의 집을 소유하지 않는 한, 주택 수요는 늘지 않는다. 그러나 여기에서는 새로운 구매자 층이 주택시장에 들어왔기 때문에 수요가 급증한다.

수요가 급증하면 가격은 상승한다. 가격이 상승하면 앞에서 서술한 서브프라임 론의 상환 메커니즘이 작동한다. 그래서 론 채무자가 가격이 급등한 주택을 매각하여, 더 넓은 집으로 이주하는 것도 가능해졌다. 이 경우에는 더 높은 금액으로 주택을 구입할 것이기 때문에 실질적으로 주택시장은 확대되는 셈이 된다. 또한 이 과정에서 미리 앞당겨 상환을 하거나 신규 차입 때의 고액 수수료는 주택의 가치가 크게 상승한 채무자로서는 신경 쓸 필요가 없었다. 물론 채권자는 이를 통해 큰 이익을 얻었다.

채권자로서는 꼼꼼히 상환 계획을 세워 상환해줄 채무자보다도 왕성하게 전매를 반복하는 채무자가 단연 바람직한 고객이었다. 그리고 주택 건설회사와 한 몸이 되어 신축 주택을 팔아치우며 론을 남발했다.

이 현상은 주택 버블에 업자들이 모였다는 단순한 도식으로 설명되지는 않는다. 그들은 버블에 모인 것이 아니라, 스스로 버블을 만들어낸 것이다.

이 비즈니스 모델을 실현한 것이 론 회사였다. 론 회사는 채무자의 상환 리스크 따위는 생각하지 않고 주택 가격의 상승을 예견하여 서브프라임 론을 제공함으로써 신규 고객에게 주택을 차례차례 구입하게 했다. 그 결과 주택 수요는 급증하고, 가격이 급등했다. 그들은 이렇게 제공한 서브프라임 론을 회수하는 메커니즘을 만들어낸 것이다. 이는 언뜻 엉터리 메커니즘으로 느껴질 수도 있지만, 사실은 이 엉터리야말로 이 비즈니스 모델의 핵심이다. 즉 엉터리 주택 담보 대출은 의도적으로 만들어진 것이다.

더욱이 이 비즈니스 모델에는 주택시장 버블을 자기증식시키는 메커니즘이 들어 있다. 론 회사는 대출 총액 한도 비율이라는 제약이 있었다. 론 회사의 자본이 론 제공 총액(자산 총액)의 일정 비율 이상이 되어야 한다는 것이다. 그러나 주택 버블에 편승하면, 그 제약에 얽매이지 않아도 된다. 왜냐하면 이익이 급증하기 때문에 그것을 자본에 넣을 수가 있고, 이 증가한 자본을 토대로 론 제공액을 늘릴 수 있기 때문이다. 여기에서도 적극적인 론 제공이 이익을 낳고, 이 이익을 토대로 론 제공이 더욱 확대되며, 이것이 다시 더 큰 이익을 낳는다는 자기증식 메커니즘이 작동하고 있다. 주택시장의 버블이 자기증식이었다면 론 회사의 팽창도 자기증식이었다.

또한 비즈니스 모델 자체도 자본 증대에 기여했다. 앞서 서술한 것처럼 서브프라임 론에서는 수익의 대부분이 장기 상환에 의존하는 것이 아니라 론 제공 시 고액의 수수료나 주택을 판매했을 때 주택 판매회사로부터 받는 수수료에서 생겨났다. 즉 론을 제공한 순간에 현금이 들어오는 메커니즘인 것이다. 이에 따라 이익에 의한 자본의 증가가 즉시 일어나게 되었다. 즉 론을 제공한 순간에 다음 론의 토대가 만들어지는, 고속 회전 자기증식 메커니즘이 성립한 것이다. 이들 메커니즘에 따라 자본은 자동적으로 증대하며, 론 제공의 제약은 감소한 것이다.

이 움직임을 더욱 가속시킨 것이 증권화였다. 앞서 서술한, 이익 확대에 따른 자본 증가는 대출 총액 한도비율에서의 분자의 값을 늘려서 제약을 완화시키는 것이었다. 다른 한편 론 제공액을 감소시키는 것, 즉 분모를 감소시켜서 자본비율의 제약을 완화하는 것도 가능했다. 증권화를 하면 이 분모가 감소한다.

증권화란 론 채권을 한 묶음으로 만들어서 다른 투자자에게 새로운 투자 대상 증권화 상품으로 판매하는 것이므로, 이 매각의 결과 론 회사가 보유한 론 채권은 감소하게 된다. 요는 자산을 팔아치워 몸이 가벼워지는 것이다. 이렇게 되면, 같은 자본액이라 해도 신규 자산을 더 보유할 수 있기 때문에 새로운 론을 제공할 수가 있다. 더욱이 주택 가격이 상승하고, 증권화 상품이 비싸게 팔리는 상황에서는 이 채권 자산을 매각해서 이익을 낼 수 있었다. 이에 따라 자본이 증가하고, 더욱이 대출액을 늘리는 것까지 가능했다.

이상의 설명을 정리하면 이렇다. 론 채권을 증권화하여 매각함으로써 자산을 줄인다. 그러면 새로운 론을 제공할 여지가 생긴다. 동시에 론 채권을 매각해서 생긴 이익으로 자본을 늘릴 수 있으니 론을 제공할 여유자금이 추가로 확보된다. 자본과 자산, 분모와 분자의 현란한 변신이다.

1980년대에 탄생한 서브프라임 회사는 1990년대에 다수 난립했지만, 몇 차례 불황에 의해 재편되었다. 이때 자본력이 있는 회사가 자본력이 부족한 회사를 구제 합병했다. 그러나 그것은 동료를 돕기 위한 것이 아니라 어디까지나 자기방위를 위한 것이며, 이 산업 자체의 붕괴를 막기 위한 것이었다.

왜냐하면 동종 회사가 도산하면, 그 회사의 론을 빌린 고객도 연동하여 파산해버리기 때문이다. 그렇게 되면 그들은 구매자의 자리에서 사라질 뿐만 아니라, 그들의 주택이 매물로 나와서, 구매자가 갑자기 판매자가 된다. 그 결과 주택시장 전체가 갑자기 구매자 초과에서 판매자 초과가 되어 주택시장 버블이 한순간에 붕괴해버릴 위험이 있었다.

동종 회사가 도산하면, 고객이 주택의 구매자에서 판매자로 변모할 뿐만 아니라, 은행이나 시장도 서브프라임 론 산업에 대한 관점을 바꾼다. 융자를 회수하거나, 서브프라임 론 관련 증권을 사지 않거나 함으로써 서브프라임 론 회사의 주가가 폭락한다. 그 결과 증자가 불가능해지고, 그 여파가 다양한 분야에 거쳐 나타나는 것은 필연적이었다. 즉 곳곳에 숨어 있는 버블 증폭 시스템의 각 부분이 차례차례 무너지기 시작하며, 시스템 전체가 한순간에 붕괴할 가능성이 있다.

따라서 2006년 후반부터의 주택 가격 정점, 2007년 3월의 서브프라임 론 회사의 파산은 바로 이 산업에서의 버블 생성과 그 증폭 메커니즘의 붕괴가 필연적임을 시사하는 것이었다.

스스로 버블을 만들어서 그 버블에 편승하여 돈을 번다. 이는 동서고금의 버블에서 항상 관찰되는 사실이며, 서브프라임 버블도 예외가 아니었다. 그리고 서브프라임 버블 및 그에 따른 주택 버블은 더욱 심원한 리스크 테이크 버블을 만들어낸 것이다.

보편화되는 버블과 건전한 투자 기회의 소멸

모두가 죄악을 저지르는 나라에서는 홀로 남은 선한 자가 죄인이 된다.
마찬가지로 모두가 버블에 휩싸였을 때는 혼자서 벗어나려고 해도 소용이 없다.
모든 투자 기회를 버블이 점령해버렸으니 버블 위에 올라탈 수밖에 없다.
현대 자본주의는 엄청나게 비대해진 금융자본에 의존하고 있다. 너나없이 '투자'에 뛰어든다.
예를 들어 기대 수명은 예전에 비할 수 없이 늘어났는데 정규직으로 일할 기회는 줄었고,
설사 취업을 해도 오래도록 다니기 힘들다. 젊어서부터 재테크를 하지 않으면 노후가 불안정하다.
금융자본은 결국 버블을 일으켜야만 한다. 도요타나 삼성전자의 주식 배당으로는 소액 투자자들의
'노후에 대한 불안감'을 잠재울 수 없다. 또한 그나마 남아 있는 건전한 투자 기회마저
단기적인 투자 게임으로 변질시킨다. 바야흐로 사슴도 늑대처럼 살지 않으면 안 되는
버블경제학의 시대인 것이다.

합리적 선택을 비웃는
확률의 함정

일본 은행의 정기예금에 1퍼센트의 이자가 붙는다고 하자. 한편 뉴질랜드 달러화 외채예금의 경우에는 외환 수수료 등을 뺀 이자가 8퍼센트 붙는다고 하자.

둘은 7퍼센트의 이자가 차이 난다. 이래선 일본 은행의 예금자 모두가 전 재산을 엔화 예금에서 뉴질랜드 달러화 예금으로 옮겨갈 것 같다. 하지만 실제로는 그렇지 않다.

왜냐하면 7퍼센트라는 추가 수익을 얻으려면 환차손, 즉 엔 대비 뉴질랜드 달러 가격이 폭락할 수도 있는 리스크를 감수해야 하기 때문이다. 일본에서는 이 리스크를 감수하려는 사람이 거의 없기 때문에, 거의 뉴질랜드 달러화 예금으로 옮기지 않는다.

이 경우에는 환차손이라는 리스크의 대가(=리스크 감수의 가격)가

7퍼센트의 추가 수익인 셈이다. 대부분의 사람은 이 정도로는 충분하지 않다고 생각하기 때문에 예금을 옮기지 않는다.

결국 '리스크 테이크(위험 감수)의 가격이란 무엇인가?' 하는 물음에 대한 답은 '리스크를 감수함에 따른 수익의 수준'이다.

그럼 리스크 테이크의 가격이 상승하는 것은 어떤 경우일까? 그것은 전에 비해서 리스크에 수반되는 수익의 수준이 낮아지는 것이다. 역으로 말하면 수익에 비해서 감수할 리스크가 지나치게 높아지는 것이다.

예를 들면 100퍼센트 안전한 이율 1퍼센트의 은행 예금과 리스크가 있는 이율 2퍼센트로 만기 1년짜리 사채 A(액면 100엔)가 있다고 하자. 그리고 이 사채 A는 장래 휴지 조각이 될 확률이 5퍼센트 있기 때문에 시장에서는 애초에 90엔에 거래되었다고 하자.

이 경우 100엔과 90엔의 차이인 10엔은 5퍼센트의 리스크에 대한 대가인 셈이다. 즉 사채 A가 휴지 조각이 될 가능성이 5퍼센트의 확률로 일어나지 않는다면, 만기에는 10엔의 이익이 나오고 게다가 2퍼센트, 즉 2엔의 이자도 얻을 수 있다. 이때 수익은 90엔에 사채 A를 사서 1년 후에는 이자와 원금을 합쳐 102엔이 돌아왔기 때문에 거의 13퍼센트가 된다. 즉 5퍼센트의 리스크의 대가로 13퍼센트의 수익을 얻은 것이다.

그런데 사채 A의 인기가 올라가면 어떻게 될까? 구매가 쇄도함에도 불구하고, 이미 발행된 사채 A의 발행액은 그대로이기 때문에 수요 증가에 의해 가격이 상승하게 된다. 이때 90엔이었던 사채 A가 95엔으로 상승했다고 하자. 이 경우에는 1년 후 무사히 원금이 반환되었을 때는 95엔이 102엔이 되며, 수익은 약 7퍼센트가 된다.

이 경우에는 사채 A의 가격 상승에 의해 기대된 수익이 13퍼센트에서 7퍼센트로 낮아진다. 이것이 앞에서 서술한 리스크 테이크 가격의 상승이다. 사채 A가 5퍼센트의 확률로 휴지 조각이 되는 리스크를 갖고 있음에도, 이익은 7퍼센트밖에 되지 않는다. 13퍼센트의 이익일 때에 비해서 리스크를 감수하는 것이 수익에 비해서 값이 비싸진 것이다.

이 경우에서는 '리스크가 있는 사채 A를 사는 것'이 리스크 테이크다. 따라서 리스크 테이크에 사람들이 몰려드는 것은 사채 A를 구매하려는 투자자들이 쇄도한다는 것이며, 리스크 테이크의 가격이 폭등한다는 것은 사채의 가격이 폭등한다는 것과 같은 말이 된다.

그렇다면 90엔에서 95엔으로 오른 사채가 가격이 더 상승하여 99엔이 되었다고 하자. 이래서는 타산이 맞지 않는다. 5퍼센트의 확률로 휴지 조각이 돼버림에도 불구하고, 이자는 2퍼센트밖에 받을 수 없기 때문이다. 기대치는 102엔×95퍼센트=약 97엔이기 때문에 99엔에 사채 A를 사면 평균 2엔의 손실이 발생한다. 다른 한편 100퍼센트의 확률로 1퍼센트의 이자가 붙는 정기예금이라면 99엔을 예금하면 거의 확실히 100엔이 된다.

그렇게 되면, 사채 A를 99엔에 사려는 사람은 없을 것이다. 사는 사람이 없으면 사채 A가 99엔이 되는 것은 이치에 맞지 않다고 생각할 수 있다. 그런데 실제 시장에서 이러한 일이 일어나버린 것이다.

이는 일반적인 금융이론으로는 설명할 수 없는 가격 폭등이다. 경제학자도, 미디어도 '설명할 수 없는 버블'이라고 설명할 것이다. 그들은 금융시장에서 설명할 수 없는 가격 폭등에 관해서는 모두 '버블'이라는 말을 갖다 붙이는 것으로 끝내버린다. 그러나 그것은 단순한 사고 정지에 빠진 것일 뿐이다. 우선 '버블이란 무엇인가?' 하는 본질을 해명할 필요가 있다.

일반적으로 버블에서는 어떤 이유로 그 자산의 가격이 계속적으로 폭등한다. 폭등의 이유는 무엇이든 좋다. 2000년의 IT 버블처럼 IT 기술의 진보라는, 실체가 있는 것을 계기로 해도 좋고, 일본에서 2003년부터 2005년에 일어난 주식 분할 버블처럼 실체를 전혀 수반하지 않은 것도 좋다.

주식 분할 버블이란 기업의 실체에 아무런 변화가 없음에도 불구하고, 주식 분할을 하는 것만으로 주가가 일시적으로 폭등하는 현상을 가리킨다. 예를 들면 1주에 100만 엔이었던 주식을 10주로 분할하면 실질적으로는 아무런 변화도 없기 때문에 새로운 주식은 1주에 10만 엔이 될 터이지만, 현실적으로는 20만 엔이나 30만 엔이 되어버리는 경우가 있다. 이는 일본의 신흥 주식시장에서 실제로 일어난 현상으로 투자자들 사이에서 커다란 화제가 되었다.

즉 버블이 발생할 때에는 IT 버블처럼 실물경제와 연결되는 계기가 있는 경우와 주식 분할 버블처럼 실물경제와 관계없이 일어나는 경우가 있다. 즉 자산 가격의 폭등에 반드시 합리적인 이유가 있는 것은 아니다. 이것이 버블의 첫 번째 특징이다.

그럼 무엇이 버블을 팽창시키는 것일까? 그것은 '버블 자체'다. 일단 버블이 되어버리면, 버블 자체가 버블을 팽창시키게 된다. 그래서 가격 상승이 수요를 부르고, 이것은 다시 가격 폭등을 부른다. 그리고 더 큰 수요의 증가로 이어지며 가격이 더욱더 상승한다. 버블에서는 이 순환이 본질이며, 가격 폭등이 일어난 최초의 계기는 계기에 지나지 않는다. 버블의 이유는 필요하지 않다. 그게 버블이라는 것이 중요하다. 이것이 버블의 가장 중요한 특징이며, 버블의 본질이다.

이는 도쿄 대학 교수인 이와이 가쓰히토(岩井克人)가 논한 '화폐는 화폐이기 때문에 화폐'라는 자기순환이론과 같다. 어째서 화폐가 화폐가 될 수 있었는지는 알 수 없으며, 어떤 물건이 화폐로 선택된 결정적인 요인이 무엇인가는 명확히 설명할 수 없다는 점도 화폐와 버블의 공통점이다.

오늘날 대다수 국가에서 종이 화폐가 유통되지만, 왜 종이가 화폐가 될 수 있었는가, 그 결정적인 이유는 없다. 예전에는 금이, 혹은 조개껍데기나 돌이 화폐로 선택되었지만, 왜 다른 물건은 그러지 못했는지는 설명할 수 없는 것이다. 그것은 자기순환이론의 바깥, 즉 논리 바깥의 일이다. 즉 사람들이 그것을 화폐라고 믿으면 화폐가 되는 것으로, 결정적인 이유는 없다.

버블도 이와 마찬가지다. 왜 버블이 되었는가를 논리적으로 설명할 수 없다. IT 버블에서는 사람들이 IT의 가능성을 믿는 것이 중요했다. 이때는 실제로 IT 혁명이 일어났는데, 가령 일어나지 않았다고 해도 사람들이 IT의 가능성을 믿기만 한다면 IT 버블은 일어났을 것이다. 즉 실체가 존재하는가는 중요하지 않으며, 버블의 생성에 실체의 존재가 불가결한 것도 아니다. 달리 말하면, 버블의 생성에 다소의 이유는 존재하지만, 필연적인 논리는 없다.

하지만 서브프라임 쇼크에는 좀 더 분명한 논리가 있었다. 구조적으로 생성된 필연성이 있었다는 말이다. 리스크를 빨리 무시할수록, 다시 말해 남들의 눈치를 안 보고 하루라도 빨리 리스크를 덥석 물수록(리스크 테이크!) 더 많은 이익을 올린다는 필연성이 시장 전체를 지배했다.

틀린 자가 승리하는
리스크 평가의 아이러니

앞에서 든 사채의 사례로 되돌아가자. 사채 A는 5퍼센트의 확률로 휴지 조각이 될 가능성이 있었다. 그러나 나머지 95퍼센트의 확률로, 이 나쁜 시나리오는 실현되지 않고 무사히 원금과 이자가 상환된다. 따라서 사채 A를 산 사람은 원금이 상환될 때까지는 매우 불안하지만, 대부분의 경우 1년 후에 그것은 기우로 끝난다. 90엔에 산 경우에는 102엔이 돌아오기 때문에 13퍼센트의 이익이 생긴다. 물론 이 이익은 리스크를 안은 대가이기 때문에 순순히 얻어진 것은 아니다. 말하자면 '불안의 대가'다. 단지 구매자로서는 13퍼센트의 이익이 나왔기 때문에 만족한다.

이 결과는 신중을 기해 사채 A를 구매하지 않고 이자율 1퍼센트의 정기예금에 저금한 사람의 입장에서 보면 어떻게 비칠까? 리스크를 안고 사채 A를 산 사람은 자산이 13퍼센트 증가하고, 리스크를 안지 않은 자신은 자산이 1퍼센트 증가할 뿐이다. 신중하게 행동한 결과이므로 이 차이는 신경 쓰지 않아도 되지만, 역시 신경이 쓰인다. 아무래도 다음에는 이 사채를 사보자는 마음이 든다. 이런 식으로 사채 A를 사려는 사람이 늘고 가격은 95엔까지 올라간다.

사채 A가 95엔이 된 경우에도 90엔일 때와 마찬가지다. 즉 5퍼센트의 휴지 조각이 될 확률이 실현되지 않으면, 다시 리스크를 안고 사채 A를 95엔에 산 사람은 자산이 7퍼센트 증가하고, 사지 않고 정기예금에 넣어둔 사람은 1퍼센트밖에 늘지 않는다. 이렇게 되면 사채를 산 사람을 부러워하는 사람이 더 늘어난다. 그들은 '사채 A는 리스크가 높다고 하지만, 정말 그럴까? 리스크가 전혀 실현되지 않았다. 이래서는 산 사람이 낫다. 예전처럼 13퍼센트, 7퍼센트는 아니겠지만, 그래도 1퍼센트에 만족하는 것보다는 낫다'고 생각하게 된다. 그리고 새삼스럽게 이 단계에서 사는 사람이 급증한다. 그러면 사채 A의 가격은 99엔까지 올라간다.

액면 100엔의 사채 A를 99엔에 사는 것은 매우 바보 같은 짓으로 보인다. 99엔에 사는 것으로는 원금과 이자를 포함하여 3퍼센트밖에 늘지 않는다. 더욱이 5퍼센트의 확률로 휴지 조각이 될 리스크까지 감안하면 은행 예금 1퍼센트의 이자를 확실히 받는 편이 나을 것이다. 그러나 5퍼센트의 리스크가 실현되지 않는다고 전제하면, 정기예금으로 1퍼센트 받는 편이 바보 같은 짓 같다.

이번에도 5퍼센트의 휴지 조각이 될 확률이 실현되지 않았다고 하자.

이 경우 99엔에 산 사람은 이익이 3퍼센트밖에 나오지 않지만, 그래도 정기예금 1퍼센트의 3배다. 리스크를 안지 않은 사람보다 3배의 수익을 실현한 것이다.

이렇게 해서 리스크를 안지 않은 사람들에게는 새로운 시대의 새로운 금융상품을 두려워하는 의심병자라는 딱지가 붙는다. 그래서 소외감과 불안감에 잠을 자기 힘들 정도가 된다.

의심병자들도 견디다 못해 구매의 물결에 동참한다. 90엔, 95엔 그리고 99엔의 어느 기회에도 사지 않았다가 뒤늦게 후회하며 사채 A를 사려고 한다. 이렇게 되면 100엔에도 사는 사람이 나온다. 왜냐하면 5퍼센트의 휴지 조각이 될 확률이 실현되지 않은 경우, 100엔에 2퍼센트의 이자가 붙는 사채 A의 수익은 정기예금의 이자 1퍼센트를 상회하기 때문이다.

물론 이것은 이론상 잘못된 것이다. 5퍼센트의 휴지 조각이 될 확률을 고려하지 않았기 때문이다. 리스크의 어려운 점은 진짜 확률이 5퍼센트였어도 그것을 증명할 수 없고, 과거의 실적으로부터 추측할 수밖에 없다는 것이다. 이때 과거에 리스크가 실현되지 않았으면 희망적인 관측에 따라 5퍼센트보다 낮게 예상을 해도 그것이 옳지 않음을 반박할 수 없다. 따라서 객관적으로는 5퍼센트의 가능성이라 해도 1퍼센트라고 믿어버릴 수 있고, 그것에 반하는 결정적인 증거가 있는 것도 아니다. 미래는 과거보다도 불확실하며 현실의 결과는 이론보다도 많은 것을 말하는 것이다.

이에 따라 사채 A가 휴지 조각이 될 5퍼센트의 확률은 무시되고, 100

퍼센트 안전자산과 거의 동일한 가치가 부여된다. 그리고 이론적으로는 틀려먹은 리스크 관리를 한 투자자에 비해서 올바른 리스크 평가를 하여 투자를 자중하고 이 사채를 구매하지 않은 투자자는 리스크가 실현되지 않은 결과로, 크게 손해를 보게 되는 것이다.

죽거나 망하거나,
선택의 기로에 선 금융 엘리트들

아마추어라면 몰라도 프로 투자자들이 이처럼 기본적인 이론상의 오류를 범할 리가 없다고 생각할 수도 있다. 그러나 실제로는 프로일수록 이러한 오류에 빠진다. 아니 빠져야만 한다.

지금까지 사례로 든 사채 A는 현실 세계의 '서브프라임 관련 증권'으로 바꿔놓을 수 있다. 지금까지의 논의는 모두 서브프라임에 관한 논의였다. 그리고 서브프라임 관련 증권을 산 것은 모두 프로 투자자들이었다. 즉 프로 투자자 대다수가 기본적인 이론에 반하는 투자 행동을 했던 것이다.

그러나 그들도 실제로는 이 오류를 깨닫고 있었다. 서브프라임 관련 증권은 트리플 A의 등급을 받았다. 리스크가 미국 국채와 거의 비슷한 수준이라는 평가다. 하지만 프로들이 보기에 이것은 리스크를 지나치게 낮춰 본 것임이 분명했다. 그럼에도 불구하고 프로들에게는 이 '사이비 트리플 A 증권'을 사야 할 이유가 있었다.

첫 번째 이유는 사채 A의 사례에서 본 것처럼, 액면 100엔에 대해 99엔에 팔 수 있으며, 또한 동시에 안전자산(여기에서는 국채)의 1퍼센트보다도 높은 2퍼센트라는 표면 이자율을 가지고 있기 때문이다. 즉 5퍼센트의 휴지 조각이 될 리스크를 이미 알고 있음에도 이 리스크가 실현되지 않을 경우에 안전자산의 1퍼센트보다도 높은 수익이 나올 가능성이 있었기 때문이다. 99엔에 사채 A를 사더라도, 리스크가 실현되지 않고 102엔이 돌아올 경우에는 이자 회수가 3퍼센트 이상으로, 정기예금의 3배 이상이었다. 따라서 그들은 리스크를 무시하고 뛰어들 수밖에 없었다.

프로들은 라이벌보다 월등한 성과를 내야 한다. 즉 코앞의 라이벌보다 높은 수익을 올리는 것이 가장 중요하다. 라이벌을 이기기 위해서라면 못할 게 없다. 그것이 리스크가 높은 사이비(!) 트리플 A 증권을 산 가장 중요한 이유였다.

프로란 어떤 사람들인가? 그들은 타인의 돈을 맡아서 운용하는 금융기관이나 펀드 운용자다. 그들은 자기 돈을 투자하는 것이 아니라 고객을 설득하여 자신의 펀드에 돈을 맡기도록 하여 그것을 운용한다. 따라서 라이벌보다 높은 수익을 올려서 계속 고객을 유치해야 한다.

이때 사채 A를 빨리 산 라이벌들은 각각 13퍼센트, 7퍼센트나 되는 수익을 획득했고, 가장 늦은 펀드라도 99엔에 사서 3퍼센트 이상 돈을 벌었다. 한편 착실하게 리스크를 고려하여 투자를 자중한 펀드의 경우

수익은 겨우 1퍼센트에 지나지 않았다.

즉 1퍼센트밖에 고객의 돈을 늘리지 못했는데, 라이벌은 7퍼센트나 13퍼센트 늘렸다면 치명적인 결과를 초래하게 된다. 펀드가 해산으로 내몰리는 것이다.

펀드 고객의 입장에서 생각해보면 이해하기 쉽다. 자금을 프로에게 맡기는 투자자들은 펀드의 운용 실적을 가지고 그 프로를 평가할 수밖에 없다. 비록 단기간이라 해도, 다른 펀드보다 수익이 낮은 펀드를 붙잡고 있을 필요가 없다. 곧바로 돈을 빼내 더 높은 수익을 올리는 펀드에 자금을 옮기는 것이 현명한 투자다.

이러한 상황에서 프로 펀드매니저로서는 펀드가 큰 손실을 내고 파산하는 리스크도 두렵지만, 고객이 자기의 펀드에서 돈을 전액 인출하여 펀드가 해체되는 리스크도 마찬가지로 두렵다. 펀드매니저 입장에서는 시장으로부터 퇴출당한다는 점에서 큰 손실을 내는 것이나 이익을 내지 못하는 것이나 마찬가지다. 즉 리스크를 안지 않으면 손실이 나오지 않더라도 어차피 자금은 빠져나가며, 그의 비즈니스는 파산해버리는 것이다.

프로 펀드매니저들은 죽거나 망하거나 둘 중 하나를 선택해야 한다.

따라서 리스크가 있건 없건 겉보기에 이익 회수율이 높은 것에 손을 댈 수밖에 없다. 그리고 라이벌이 그렇게 하면 할수록 자기도 같은 행동을 해야 지지 않는다. 악화가 양화를 구축하듯이, 바보처럼 앞을 보지 않는 펀드매니저가 현명하고 신중한 펀드매니저를 몰아내버리는 것이다. 그리고 현명한 펀드매니저는 살아남기 위해서 바보처럼 앞을 보지 않는 행동을 하는 것이다.

따라서 아마추어보다도 프로가 리스크를 무시해야만 하는 상황에 직면하며, 결국 이 덫에 걸리고 만다. 더욱이 리스크가 엄청나게 높다는 것을 알면서도 덫에 걸릴 수밖에 없는 것이다.

합리적 선택이
광기 어린 버블을 초래한다

프로 운용자가 라이벌에게 지지 않기 위해서, 결과적으로 비합리적인 리스크를 감수하는 현상은 극히 현대적인 것이다. 이런 현상의 원인은 현대 금융시장의 발달에 따라 운용자와 투자자가 분리된 데 있다.

19세기 이후 주식회사가 대형화되면서 자본가와 경영자의 역할이 분리되었다. 경제학에서는 이러한 '자본과 경영의 분리'를 현대 자본주의의 성립으로 본다. 우리는 여기에 빗대어 투자자와 운용자의 분업을 '자본과 두뇌의 분리'라 부를 수 있겠다.

그런데 자본과 경영의 역할 분담이 결코 '평등'하지 않듯, 분리된 자본과 두뇌의 분업도 평등하지 못하다. 두뇌에 해당하는 프로 운용자는 머리로는 그러지 말아야 한다고 생각하면서도 고객인 자본(투자자)의 눈치를 볼 수밖에 없다. 그들의 장래 행동(자금 인출의 가능성)에 제약되어, 피해야 할 리스크를 감수하는 함정에 빠져버리는 것이다.

머리 좋은 사람들은 이렇게 해서 바보가 된다. 자금 획득 경쟁을 위해 라이벌과 마찬가지로 바보처럼 장기적으로 내다보지 않고 사채 A를 99엔에 사서, 단기에 100엔에 판다.

애석하게도 자본(투자자)의 형편도 딱하기는 두뇌(운용자)나 별반 다르지 않다. 투자자들은 자신들의 피 같은 돈을 맡긴 운용자(두뇌)의 진짜 능력을 분간할 방법이 없다. 믿을 것은 결과뿐이다. 리스크를 감수하기 싫어서, 자기보다 전문가인 운용자(두뇌)를 찾아 돈을 맡겨놨는데 황당하게도 운용자들은 엄청난 바보짓(리스크)을 저지르고 있는 것이다.

이는 자본과 두뇌의 정보 차이 때문에 벌어지는 황당한 현상이다. 즉 사채 A를 99엔에 사려는 펀드 운용자의 행동은 원칙적으로 투자자에게 바람직하지 않다. 그러나 일주일 후에 사채 A를 100엔에 팔아, 일주일 사이에 1퍼센트 이상의 이익을 올린 경우, 그 이익이 바보처럼 앞을 내다보지 않은 행동에 의한 것인지 아니면 높은 운용 능력에 의한 것인지는 판단할 수 없다. 그렇기 때문에 결국 실적이라는 결과로 모든 것을 판단할 수밖에 없게 되며, 과잉 리스크를 안은 펀드 운용자의 펀드에 출자하게 된다.

그 결과 '두뇌'들, 즉 펀드매니저들은 감수하지 말아야 할 리스크를 과대하게 안게 되고, 이에 따라 금융시장 전체에서 리스크 테이크가 과다해진다.

투자자(자본)도, 운용자(두뇌)도 모두 최선을 다해 합리적으로 행동했다. 하지만 이토록 합리적인 프로들이 모인 전체 시장에서 벌어지는 사태는 지극히 비이성적이다.

개별적으로는 합리성을 추구해도 전체적으로는 불합리한 일이 일어나는 구성의 모순(fallacy of composition : 구성의 오류라고도 한다. 이 말을 사용한 케인스는 경기 불황 시기에 개개인들은 장래 소득이 감소할 것을 대비하여 소비를 줄이는 것이 일견 합리적이지만, 모든 개인들이 소비를 줄이면 생산과 투자가 줄어들고 실업이 증가하여 경기 불황이 더욱 심화된다면서 신고전파 경제학을 비판했다-옮긴이)에 따른 것이다. 이 모순은 투자자와 운용자 간의 정보 격차와 잠재적인 상호 불신(결과가 나쁘면 신용할 수 없고, 자금을 바로 인출한다)이라는 구조하에서, 운용자끼리 자본의 수탁을 둘러싸고 경쟁한다는 메커니즘에서 나온다. 이것이 바로 현대 금융시장의 특징이다.

개개인의 미시적 수준에서 이루어지는 의사결정은 합리적이라고 하더라도, 시장 전체를 거시적으로 보면 리스크 과다가 되어버린다. 즉 구성의 모순이 일어나서 리스크 테이크 버블이 일어난다.

개개인의 리스크 테이크가 합리적임에도 불구하고 구성의 모순에 의해 시장 전체에서는 리스크 과잉 상태가 된다. 이것이 리스크 테이크 버블의 첫 번째 요소다.

그러나 이것만으로는 리스크 테이크 버블은 극단적으로 커지지 않는다. 서브프라임 문제에서 리스크 테이크 버블 및 그 붕괴에 의해 세계 금융시장이 혼란에 빠진 배경에는 또 한 가지 결정적인 메커니즘이 존재했다. 그것은 리스크가 더 이상 리스크가 아니게 되는 과정이다.

버블만 남고
건전한 투자 기회는 소멸한다

이것은 제1장에서도 논한 과정이다. 증권화라는 자산의 '상품화' 마케팅에 성공함에 따라 서브프라임 관련 증권화 상품의 시장에 더 많은 투자자를 끌어들일 수 있게 되고, 많은 수요가 생겨났다. 그 결과 시장 가격이 상승하고, 최초에 투자한 투자자들은 이 증권화 상품을 새롭게 진입한 투자자들에게 고가로 매각하는 데 성공했다. 이렇게 해서 장래의 상환 불확실성이라는 리스크를 감수한, 서브프라임 관련 증권에 투자한 최초의 투자자들은 리스크를 안지 않고 투자 수익을 누렸다.

즉 최초의 투자자들은 장기에 걸친 이익을 얻기 위해서 이 증권을 장기간 보유할 필요가 없이, 타인에게 매각함에 따라 이익을 실현했다. 이렇게 해서 이 증권 투자에서는 사업 리스크가 없어지고, 대신 다른 투자자가 사줄 것인가 아닌가 하는 유동성 리스크만이 남게 되는 것이다.

이 경우 리스크는 장래 얼마나 이 증권에 대한 수요가 생겨날 것인가에 달려 있다. 따라서 수요가 계속 증가하고, 최초의 투자자가 다음 투자자에게 팔 수 있게 되고, 그 투자자가 그다음 투자자에게 팔고……, 이 같은 연쇄가 지속되면 유동성 리스크는 없어진다. 최후의 투자자를 빼고 모두 매각할 수 있기 때문이다. 실제로 그들은 사업 리스크가 있는 증권을 리스크 없이 매매하여 이익을 올렸다.

따라서 앞서 리스크 테이크의 가격이 상승하는 과정에 관하여 사채 A를 90엔에 구매한 사람은 13퍼센트, 95엔에 구매한 사람은 7퍼센트, 99엔에 구매한 사람은 3퍼센트라는 식으로 수익이 줄어든다고 설명했는데, 이것은 절반의 진리일 뿐이다. 왜냐하면 90엔에 구매해도 95엔에 구매해도, 유동성 리스크 없이 확실하게 팔리면 그것으로 충분하기 때문이다.

여기에서는 이자 폭보다도 다음에 확실하게 팔 수 있을지의 여부가 훨씬 더 중요하다. 가격은 자기가 산 가격보다 높으면 충분하다. 확실히 팔 수 있다면 이 투자는 제로 리스크가 되고 이익을 올릴 수 있게 된다.

이는 금융 교과서에 쓰여 있는 것과 다르다. 교과서에는 사업 리스크가 있는 것에 투자를 하면 그 리스크 감수에 대한 보수로서 수익을 얻을 수 있다고 설명하고 있다. 그러나 현실은 다르다. 사업 리스크 따위는 온데간데없이 사라지고 그저 다른 투자자에게 팔아치울 수 있느냐 없느냐, 즉 유동성 리스크만이 투자자들의 뇌리에 남는다.

하지만 이 유동성 리스크는 장래 다른 투자자가 사줄 것이 확실하다면, 이미 리스크가 아니다. 실제로 다른 투자자가 사주면 유동성 리스크는 소멸하게 되며, 리스크는 더 이상 리스크가 아니게 된다.

새로운 투자자가 잇따라 공급하는 메커니즘, 즉 유동성을 시스템화하여 리스크가 더 이상 리스크가 아니게 되는 것이 구조적으로 확실하게 일어나도록 하는 시스템, 그것이 서브프라임 론 채권의 증권화 체계였다.

이는 다단계 판매조직의 체계와 똑같다. 버블은 다단계 판매조직 그 자체이며, 자산시장에서의 매매 그 자체가 다단계 판매조직과 같은 구조를 가진다. 버블에 뛰어든 투자자는 그 시기가 늦을수록 이익이 감소한다. 그리고 최후에 뛰어들어 어쩔 수 없이 장기 보유해야 하는 투자자는 버블 붕괴의 직격탄을 맞은 것이다. 던져야 할 폭탄을 가슴에 고이 품어 안은 격이랄까.

이처럼 버블의 팽창, 붕괴의 과정은 다단계 판매조직의 생성, 파탄의 과정과 같은 형태를 취한다.

증권화를 함으로써 구매자가 증가하고, 수요가 늘며, 가격이 상승한다. 그렇게 하면 최초에 투자한 투자자는 더 비싼 가격으로 다음 투자자에게 팔 수 있게 된다. 그리고 그 가격 상승을 보고 더 많은 투자자들이 유입된다. 이 연쇄에 의해 유동성은 증대하고, 가격은 상승하며, 이 두 가지 요소에 의해 가격 상승세는 더욱 탄력을 받는다. 이것이 리스크 테이크 버블의 두 번째 요소, 수요 증대와 유동성 리스크 감소에 의한 가격 상승의 연쇄, 즉 리스크 테이크 버블의 팽창이다.

이 두 번째 요소가 '구성의 모순'이라는 첫 번째 요소와 상승 효과를 일으킴에 따라 리스크 테이크 버블을 가속적으로 팽창시켰다. 즉 고객으로부터 자금을 수탁받은 프로 운용자들은 리스크를 인식하면서도 다른 운용자와 수탁 자금 획득 경쟁을 하기 때문에 리스크에 대해서 의식적으로 불감증에 걸리거나 또는 리스크를 무시하여 수익을 올릴 필요가 있었다. 이 구성의 모순에 의해 시장 전체에서 과대한 리스크가 형성되며 시장 전체의 리스크 테이크의 총량은 과도하게 팽창한다.

이런 상황에서 두 번째 요소인 '리스크가 더 이상 리스크가 아니게 되는 과정'이 시장 구조와 결합해 리스크 테이크 버블은 무한히 넓어진다고 생각될 만큼 팽창했던 것이다.

이 버블 팽창 속에서 가장 큰 이익을 올리는 것은 가장 먼저 뛰어든 사람들이다. 버블이 무한히 팽창하더라도 시간이 갈수록 가격은 올라간다. 늦게 뛰어들수록 비싸게 사야 하고 그만큼 수익은 줄어든다. 반대로 일찌감치 리스크를 껴안은 사람들은 쾌재를 부른다. 사려는 사람이 많을수록 가격이 오른다. 이에 따라 과거의 리스크 테이크는 리스크 없이 대폭적인 이익을 실현했다.

그러나 이것이 자본과 두뇌의 분리에 의해 생겨난 프로 운용자를 반드시 행복하게 해주지는 않았다. 왜냐하면 금융시장 전체가 버블로 팽창함에 따라 모든 운용자의 자산이 팽창했기 때문이다. 모두가 행복해서는 안 된다. 나만 행복하고 남들은 불행해야 내가 이긴다. 수익이 얼마나 늘어났는지 따위는 아무짝에도 쓸모없다. 라이벌보다 내 수익률이 0.0001퍼센트라도 높아야 한다.

투자자와 운용자 개인이 아니라, 시장 전체의 관점에서 보면 더 골치 아픈 문제가 보인다. 대규모 이익을 거둔 것은 기쁜 일인데, 이로 인해 전체의 자본 총량이 불어났다. 불어난 자본을 놀릴 수는 없으니 운용자는 또 어딘가에 투자해서 이익을 올려야 한다. 그런데 자본의 덩치가 커졌다고 투자처도 덩달아 쑥쑥 커지지는 않는다.

자본시장 전체에서 더 많은 자본이 더 희소해진 이익 기회를 찾아 전 세계를 방황할 수밖에 없다. 떠도는 유령은 공산주의가 아니라 자본이다.

이는 어떤 결과를 초래했을까? 정상적으로 사업에 투자하여 그 사업 리스크에 상응하는 상업 이익을 올릴 투자 기회는, 투자 기회를 찾아 세계를 방황하는 자본의 급증에 의해 완전히 점령당했다.

그리고 대부분의 자본이 사업 리스크를 안지 않은 채, 리스크를 리스크가 아니게 만드는 과정에 의해 이익을 올렸다. 이들 자본은 시장 전체의 자본량 증대에 의해 다시 커다란 이익을 올렸다. 왜냐하면 자본량이 증대하면 할수록 유동성이 증가하고, 투자 수요 증가에 의해 투자 상품은 폭등, 동시에 유동성 프리미엄 증가에 의한 투자 상품의 가격 상승이 일어나기 때문이다. 그리하여 자본은 더더욱 팽창했다.

마지막에는 전매를 노리지 않는 보수적인 투자자조차 이 과정에 참여하지 않을 수 없었다. 일반적인 채권 투자나 사업 투자 기회가 고갈돼 버리기 때문이다. 따라서 연기금 등도 서브프라임 관련 증권에 대량으로 투자했다. 즉 앞서 사채 A와 같은 상품을 99엔이나 100엔에 사서 보유함으로써 3퍼센트 혹은 2퍼센트의 이자 회수를 노린 것이다.

이에 따라 증식을 지속하는 금융자본 시장은 전매하지 않고 보유하려는 보수적인 투자자를 끌어들이는 데 성공했다.

여기에 리스크 테이크 버블은 극에 달했다.

버블이 극에 달하면, 남는 것은 붕괴뿐이다. 현명하고 신중하고 보수적이고 견실하고 성실한 투자자들을 무고한 희생자로 남긴 채.

버블경제의 지배자는 자본가가 아닌 그럴싸한 '스토리'

모든 종교는 기적을 토대로 한다.

기적은 이성적이고 비판적인 분석으로는 말도 안 되며 있을 수 없는 일이지만, 믿는 사람들 입장에서는 그것보다 더 설득력 있고 강렬한 것이 없다. 과학이나 학문을 신봉하는 사람들은 이 때문에 기본적으로 종교를 부정한다. 하지만 아이러니하게도 금융시장에서는 일상적으로 그런 '기적'이 일어난다. 바로 믿는 대로, 혹은 믿고 싶은 대로 이뤄지는 것이다. 버블경제가 지배하는 21세기 현대 자본주의 속에서, 사람들은 그럴듯한 스토리를 듣고 싶어한다. 도대체 왜 폭등한 것일까? 도대체 왜 폭락한 것일까? 시장 참여자들은 납득할 만한 스토리가 없다면, 만들어서라도 믿어버린다. 자연은 진공을 싫어한다고 아리스토텔레스는 말했다. 버블경제 시대의 투자자들은 인식의 공백을 극도로 혐오한다. 설명되지 않는 현상은 없어야 한다. 그 설명(스토리)이 진실이건 허위이건 중요하지 않다. 믿고 싶은 스토리를 만들고, 그에 따라 현실을 만들어버리는 것이 버블경제의 놀라운 특징이다.

2007년 상하이발 주가 폭락은 **상하이에서 시작되지 않았다**

먼저 2007년 2월 말에 일어난 상하이발 세계 동시 주가 폭락을 돌이켜보자. 지금이야 서브프라임 쇼크 앞에서 그 그림자가 희미해졌지만(심지어 서브프라임 쇼크도 서서히 잊히고 있다) 사실 이것은 중국 주식 버블이 붕괴하여 그 영향이 전 세계에 미친 그야말로 글로벌한 사건이었다.

우선 2월 27일에 상하이 주식시장의 주가지수가 9퍼센트나 대폭락했다. 상하이에서는 모든 종목의 가격 변동 폭 제한이 10퍼센트였다. 즉 10퍼센트 떨어지면 이른바 하한가가 되며, 그보다 낮은 가격에서의 거래는 불가능했다. 따라서 가격이 하루에 10퍼센트 이상은 떨어질 수 없었다. 이 상황에서 전체 시황을 보여주는 주가지수가 9퍼센트 떨어졌다는 말은 곧 거의 모든 종목이 하한가가 되었다는 말이다.

전 종목 하한가! 그것은 1987년 미국 블랙 먼데이의 22퍼센트 하락과 비슷하다는 해석도 가능할 만큼 충격적인 폭락이었다.

세계 각국의 주식시장도 떨어졌다. 2월 27일과 28일 이틀간 일본 닛케이 평균 주가가 3.4퍼센트(611엔), 홍콩이 4.2퍼센트, 영국이 4.1퍼센트 하락했다. 미국의 다우존스 평균 주가는 27일 하루 3.3퍼센트(416달러) 하락했다.

이 세계 동시 주가 하락에 대해서 당시 매체들은 상하이 시장의 폭락이 세계에 파급된 것이라고 보도했다. TV 뉴스는 세계 경제에 대한 중국의 영향력이 높아진 것을 드러낸 사건이라고 해설했다. 한참 시간이 흐른 지금도 이 폭락은 당연히 상하이발 세계 동시 주가 폭락이라고 생각한다.

그러나 이것은 오류다.

우선 상하이 시장의 가격 변동이 세계의 주식시장과 연동할 리는 없었다. 왜냐하면 외국인의 상하이 시장 투자는 엄격히 규제되고 있었으며, 상하이 시장 투자자의 대부분은 중국 국내의 투자자였기 때문이다. 더구나 중국 국내의 대다수 투자자들은 해외 주식시장에는 투자하지 않고 중국 국내의 부동산 시장이나 주식시장에 투자했다.

시간적으로 따져봐도 상하이 시장의 폭락은 세계 동시 주가 폭락의 원인이 아니다. 상하이 시장은 일본 시각으로 오전 10시 반부터 시작된다. 즉 도쿄 시장은 상하이 시장과 동시에 개장한다. 그럼에도 불구하고 상하이 시장은 9퍼센트 하락했지만, 닛케이 평균 주가는 같은 날 별로 하락하지 않았다. 일본의 주식시장에서 투자자들은 상하이의 폭락에는 무관심했던 것이다.

상하이 시장과 가장 연동성이 높은 홍콩 시장조차 상하이 시장에 연동하지 않았다. 홍콩 시장은 일본 시각으로 오후 12시부터 거래를 개시한다. 상하이가 폭락한 2월 27일, 홍콩 시장 전체의 가격 동향을 드러내는 항셍지수는 1.7퍼센트 하락했다. 상하이 시장에서 9퍼센트의 폭락에 비하면 완만한 것이었다. 상하이의 하락 폭이 실질적으로는 20퍼센트 전후였다는 점을 감안해보면 홍콩의 하락 폭은 지나치게 작은 것이었다. 다음 날인 28일에 상하이 시장은 반전하여, 4퍼센트 상승했음에도 불구하고 홍콩 시장은 오히려 전날보다 2.5퍼센트나 하락했다. 이렇게 28일에는 상하이 시장과 홍콩 시장이 정반대로 움직였다. 두 주식시장은 전혀 연동하지 않았던 것이다.

그리고 같은 날, 세계의 다른 주식시장은 하락했다. 도쿄가 2.8퍼센트, 오스트레일리아가 2.7퍼센트, 싱가포르가 4.0퍼센트, 인도가 4.0퍼센트, 영국이 1.8퍼센트 하락했다.

상하이발 세계 동시 주가 폭락이라 불리는 2월 28일의 폭락은 실은 상하이 이외의 세계 주식시장의 하락이었다. 왜 세계 주식시장에서 상하이만 역방향으로 움직였던 것일까? 그것은 세계 동시 주가 하락의 계기가 상하이가 아니라 미국에 있었기 때문이다. 그 증거로 유럽 시장도 2월 27일에 하락했지만, 그 대부분은 뉴욕 주식시장이 개장하여 미국의 다우존스 평균 주가가 200달러 이상 대폭 하락한 후의 일이었음을 들 수 있다. 뉴욕의 폭락을 보면서, 이 하락에 연동하여 유럽도 폭락한 것이다.

2007년 2월 23일 ~ 3월 16일 (상하이발 세계 동시 주가 폭락)의 주식 차트

[상하이 시장]

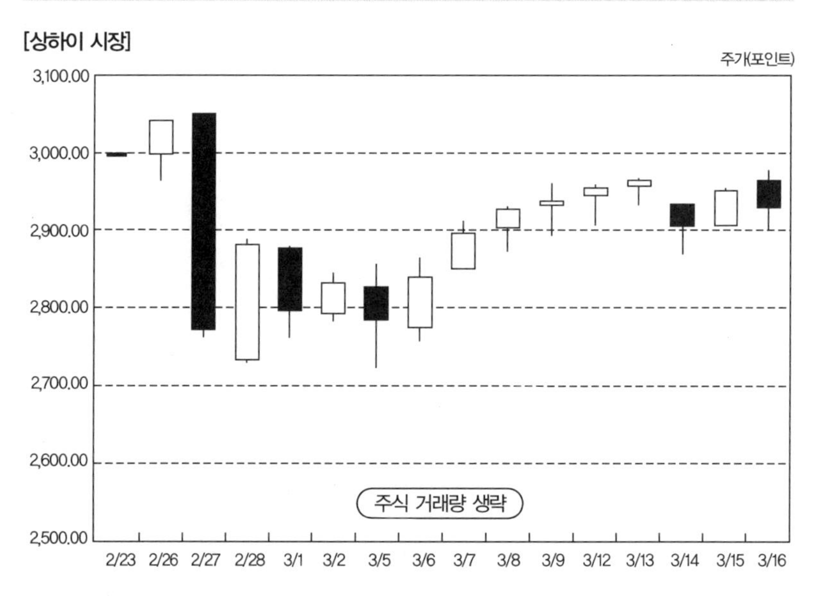

[홍콩 시장]

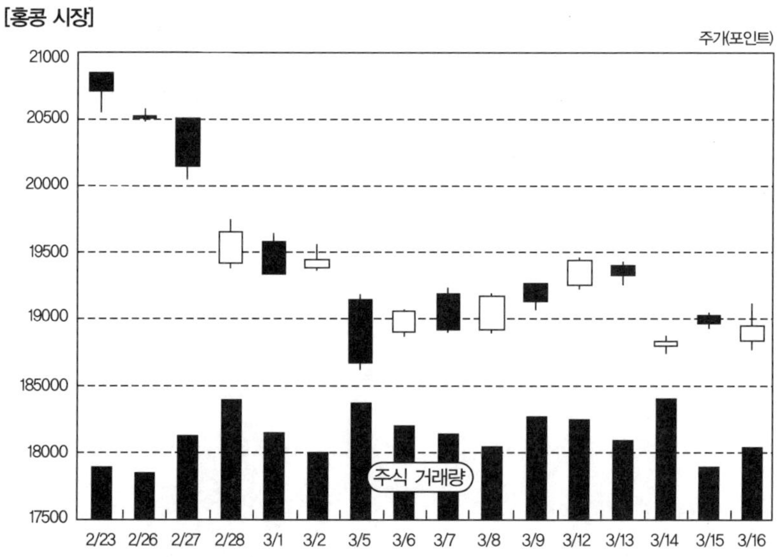

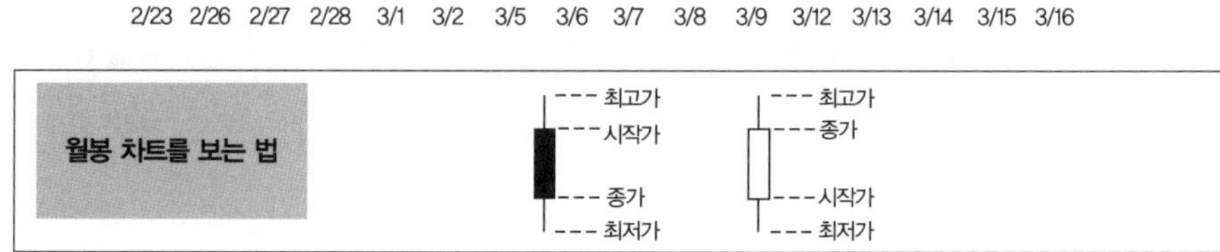

※1일 최대 주식 거래량은 생략한다.

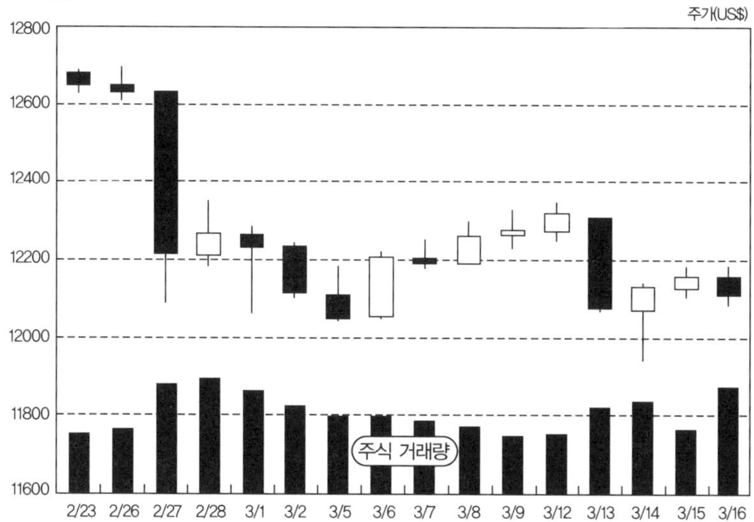

[일본 시장]

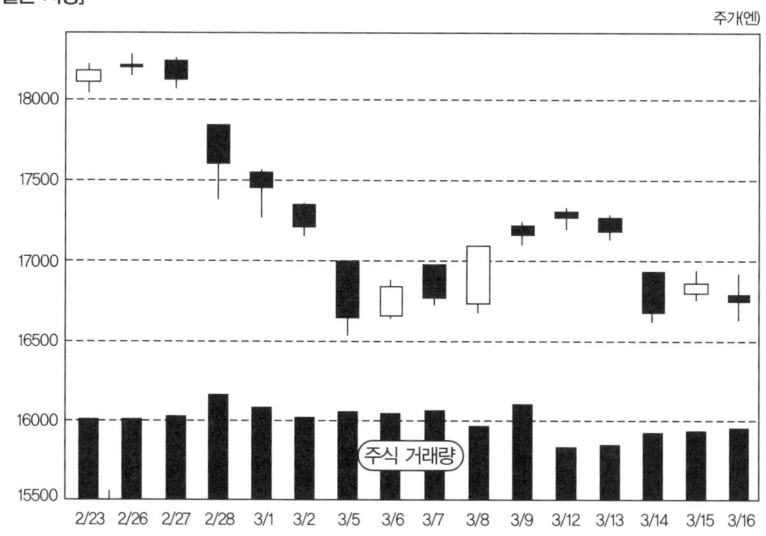

1일 거래 시간 내 등, 일정의 기간 내에서

■ 검은 막대 …… 시작가보다 종가가 싼 것(전일대비 하락한 것)

□ 흰 막대 …… 시작가보다 종가가 비싼 것(전일대비 상승한 것)

이날 미국의 다우존스 평균 주가는 개장 초기 200달러 하락한 후, 종장에서 다시 200달러가 급락했다. 종장의 하락 요인에 대해서는 다양한 설명이 있는데, 확실한 요인은 알 수 없다. 그러나 하락의 요인이 무엇인가에 관계없이 다우존스 평균 주가가 하루 400달러나 하락한 사실이 중요했다. 이 사실이 세계 투자자들을 공포에 몰아넣은 것이다.

다음 날인 28일에는 우선 일본의 주식시장이 폭락하고, 닛케이 평균 주가는 516엔 하락했다. 다른 아시아 시장이나 기타 신흥국 시장에서도 대폭 하락했다. 이렇게 해서 세계의 주식시장은 한순간에 폭락의 물결에 휩싸였다.

미국의 폭락을 기점으로 세계 주식시장의 움직임을 시계열로 좇아보면 그 흐름을 확실하게 알 수 있다. 미국 시장이 개장한 직후, 일본 시각으로 2월 28일 오전 0시를 기점으로 생각해보자. 이 30분 전에 개장한 뉴욕 시장에서는 다우존스 평균 주가가 개장 초기에 200달러 하락했다. 다만 미국 시장이 열리기 전까지는 영국을 비롯한 유럽 시장도 하락했지만, 그 하락 폭은 미미했다. 그러나 미국 시장이 개장된 후 대폭 하락하자 유럽 시장에서도 매도가 쇄도, 하락 폭이 확대되었다. 그리고 28일 일본 시장에서 닛케이 평균 주가 516엔의 하락은 이미 27일의 단계에서 상하이의 폭락을 반영했기 때문에 직접적으로는 이것과 관계없이 미국 다우존스 평균 주가 400달러 폭락의 영향을 받은 것이다. 그리고 홍콩은 원래 상하이와 어느 정도 연동하는 경향이 있지만, 28일의 2.5퍼센트 하락은 같은 날 상하이의 상승을 상쇄할 정도로 미국 시장 폭락의 영향을 받은 것이다.

그 후 도쿄 시장은 4영업일 연속 대폭 하락하여, 닛케이 평균 주가는 일시적으로 16,532엔까지 하락하여 전체적으로 1,638엔(9.2퍼센트)이나 하락했다.

시간 순서로 따라가보면 상하이 시장의 폭락은 세계 동시 주가 폭락의 원인이 아니라는 것이 명백히 드러난다.

하지만 상하이발 세계 동시 주가 폭락이라는 말이 널리 쓰이면서 모든 사람들이 상하이 시장을 주목하게 되었다. 놀랍게도 그 후 시장에서는 상하이가 떨어지면 세계 시장도 떨어진다는 연상 게임이 머릿속에 입력되었다. 그 결과 상하이와 세계 주식시장의 가격은 정말로 연계가 돼버렸다. 믿어라, 그리하면 실현되리라! 상하이발 세계 동시 주가 폭락은 진실로 '거짓말에서 비롯한 진실'이었다.

일단 진실이 되어버리자, 그것은 독립적으로 움직이기 시작했다. 그 날 상하이의 움직임을 보지 않고 도쿄 시장에서 거래하는 것을 불안하게 여긴 대부분의 투자자들이 상하이 시장이 열리는 10시 반까지는 거래를 주저했다. 그리고 시장 분위기는 극단적으로 악화되어, 상하이 시장이 하락하면 도쿄나 다른 아시아 시장도 연동하여 하락하는 한편, 상하이가 상승해도 도쿄 및 다른 아시아 시장은 연동하지 않고 상승하지 않는 상황이 되어버렸다. 즉 나쁜 뉴스에만 반응하는 시장이 된 것이다.

믿음이 현실로 나타나버리는 **금융시장**

세계 동시 주가 폭락의 진정한 원인은 무엇일까? 앞서 설명한 것처럼, 이때의 시장은 일제히 비관에 빠졌고 매도가 매도를 부르는 상황이었다. 즉 대부분의 주가 하락은 모든 사람이 내다파는 '매도 연쇄'에 의한 투매 때문이었다. 그렇다면 모든 사람이 투매에 나선 이유는 무엇일까? 상하이의 폭락이 원인이 아니라고 한다면, 매도 연쇄를 일으킨 진정한 원인은 무엇이었을까?

그것은 이른바 엔 캐리 트레이드를 했던 헤지펀드 등이 패닉에 빠진 투자자들의 투매를 유발하기 위해 펼친 투매 작전(주가를 떨어뜨릴 목적으로 매수 주문보다 압도적으로 많은 매도 주문을 내는 것-옮긴이) 때문으로 추측된다.

엔 캐리 트레이드란 엔화 표시로 조달한 자금을 세계의 리스크 자산에 투자하는 거래를 가리킨다. 엔 금리는 거의 제로였기 때문에 금리 비용이 거의 들지 않아서, 엔으로 조달된 자금은 뉴질랜드, 오스트레일리아 등의 고금리 통화 혹은 원유·귀금속 등의 자원, 곡물 등의 상품, 기타 리스크가 높은 자산에 폭넓게 투자되었다. 세계 곳곳의 주식, 채권, 구조화 채권(structured bonds. 옵션이나 스와프 등의 파생금융상품을 섞어 넣은 것으로 일반적인 채권의 캐시플로와는 다른 캐시플로를 가지도록 한 채권-옮긴이) 등의 고수익 증권, 부동산 등도 포함되어 있다.

물론 엔 캐리 트레이드가 실제로 얼마나 확대되었는가에 대해서는 다양한 논의가 있다. 세계 금융시장의 버블을 만들어서 붕괴시키는 것은 모두 엔 캐리 트레이드라고 주장하는 사람들이 있는 반면, 엔 캐리 트레이드는 환상이며 소문이 확산되는 것일 뿐, 실제로 그런 것은 존재하지 않는다고 주장하는 사람들도 있다(나는 엔 캐리 트레이드가 큰 영향을 끼쳤다고 판단한다).

하지만 중요한 것은 엔 캐리 트레이드가 실제로 존재하는가의 여부가 아니다. 정말 중요한 것은 당시 투자자들이 엔 캐리 트레이드가 이루어질 거라고 믿었다는 점이다.

이는 세계 동시 주가 폭락의 원인이 무엇인가 하는 논의와 같은 구조다. 즉 상하이의 폭락이 진짜 계기인가는 중요하지 않으며 세계 주가가 폭락한 직후에 대부분의 투자자들이 상하이의 폭락이 요인이라고 믿었다는 사실이 중요한 것과 마찬가지다.

실제의 요인과 괴리되어 모두가 믿고 있는 스토리가 진실이 되었던 것이다. 상하이의 폭락이 세계에 파급되었다고 모두가 생각하면, 그 후에도 같은 논리로 주가가 변동한다고 믿고 실제로 그 신념에 기초하여 투자를 결정하기 때문에, 현실 주가의 움직임도 결과적으로 상하이 시장의 움직임에 연동된다.

똑같은 논리가 엔 캐리 트레이드에도 적용된다. '엔 캐리 트레이드 청산'이란 엔을 빌려서 리스크가 높은 시장이나 자산에 투자하던 자금을 철수시키기 위해서 자산을 매각하고 그것을 엔으로 바꾸어서(엔을 팔아서) 엔으로 빌린 자금을 상환하는 것을 가리킨다. 따라서 '청산'이 일어나면 리스크가 높은 자산이 매물로 쏟아져 그 가격이 폭락할 수밖에 없다. 한편 엔은 수요가 증가하므로 가격이 급등하게 된다. 현실 시장에서도 세계 동시 주가 폭락 때에는 반드시 엔고가 급속히 진행되고, 고금리 통화였던 뉴질랜드 달러, 오스트레일리아 달러, 유로는 급락했다.

이는 세계 동시 주가 폭락이 진행되었을 때, 모두가 그 원인을 '엔 캐리 트레이드 청산' 때문이라고 생각했고, 그 결과 '청산'이 일어났다는 전제에서 거래를 했기 때문이다. 즉 엔고가 되면 그것은 '엔 캐리 트레이드 청산'으로 연결되며, 그렇다면 엔의 되사기에 의해 엔 시세가 상승함과 동시에 리스크 자산에 대한 투자 철수가 이뤄지므로 주가는 하락할 것이다. 투자자들은 이 연쇄를 생각하면서 주식을 팔았고, 실제로 주가는 하락했다. 그 결과 2월 말부터 일주일 동안은 주식시장과 외환 시세가 멋지게 연동되었다.

스토리가 있는 곳, 사람들이 믿는 것에 의해 유동성의 흐름도 좌우된다. 일단 이 흐름이 투자자의 뇌리에 입력되자, 외환이 아무런 상관도 없는 요인 때문에 움직였어도, 외환의 움직임 자체가 주식을 사고파는 이유가 되었다. 즉 엔고가 헤지펀드에 의한 전략적인(의도적으로 시장의 흐름을 만들려고 하는) 엔 매수였다고 해도, 그 요인이나 배경과는 관계없이 모든 투자자들이 주식을 매도하려는 반응을 보였다. 이렇게 되면, 헤지펀드는 엔고와 주식 폭락 모두를 노리고 두 시장에서 동시에 전략을 짠다. 이에 따라 엔고와 주가 폭락의 상승 효과에 의해 연쇄적으로 엔 급등, 주가 폭락을 일으켜 큰 이익을 올릴 가능성이 있다.

새로운 믿음이 **더 큰 버블을 만들어낸다**

공포감에 휩싸인 시장은 반드시 과잉 반응한다. 즉 극단적으로 폭락한다. 그러나 지나치게 폭락한 주가는 반드시 회복하는 날이 온다.

2007년 3월 6일. 그날이 왔다. 엔고가 멈추면서 세계의 주식시장은 예전으로 되돌아갔다(엔고=주가 하락이라는 스토리가 현실을 만든 것이다). 세계 동시 주가 폭락의 패닉 투매가 종료된 것이다. 헤지펀드의 전략적 투매도 여기에서 멈췄고, 이번에는 기세등등하게 반전하여 급등했다.

그런데 2007년 2월 말 상하이발이라 불린 세계 동시 주가 폭락의 사건으로부터 우리는 무엇을 배울 수 있을까?

우선 상하이 시장의 폭락은 버블 붕괴라고는 할 수 없다. 상하이 시장은 2월 27일 종장에 3049포인트를 정점으로 3월 5일에 2723포인트까지 폭락했다. 그러나 이 일주일간의 폭락 후에는 아무 일도 없었던 것처럼 상승이 지속돼 8개월 후인 11월 1일에는 6005포인트까지 올라갔다. 따라서 폭락은 일시적인 것에 지나지 않았고, 상하이 시장은 붕괴는커녕 폭등했기 때문에 버블 붕괴라 할 수는 없다. 폭락 직후부터 계속 상승하여 8개월 사이에 배 이상이 되었는데 버블 붕괴라 부를 수는 없다.

여기에서 흥미로운 사실은 2007년 2월 말 당시 대다수 전문가가 상하이 시장 버블이 붕괴했다고 믿어 의심치 않았다는 것이다. 3000포인트였을 때 대부분의 전문가들은 주가가 지나치게 높다고 생각했지만 그 후 8개월 사이에 배가 된 것이다. 이것은 무엇을 의미하는가?

이 사건은 상하이 시장의 버블 붕괴가 아니었지만, 세계 주식시장의 버블 붕괴 가능성을 시사하고 있다. 어째서 상하이 시장 폭락 등 냉정하게 생각하면 세계의 주식시장에 거의 영향을 주지 않은 사건을 계기로 세계 동시 주가 폭락이 일어난 것일까?

이 두 가지 의문을 생각해보자.

상하이 시장은 2007년 2월부터 11월 사이에 급등했다. 여기서 우리가 첫 번째로 주목할 점은, 모두가 버블이 아닌가 생각할 정도로 지나치게 오른 까닭이다. 무엇이 버블이고 무엇이 버블이 아닌가를 엄밀히 구분하기는 어렵다. 가격이 높다고 해서 무조건 버블로 볼 수는 없다는 점에 주의해야 한다. 경제의 펀더멘털만 보자면 3000포인트도 버블이다 싶을 만큼 주가가 상승했지만, 그것이 꼭 폭락으로 이어진다고 장담할 수는 없다. 여기에 버블의 중요한 포인트가 있다.

즉 버블인가 아닌가 혹은 그 버블이 붕괴할 것인가 아닌가는 가격 수

준과는 관계가 없다는 것이다.

지나치게 가격이 높다고 해서 그것을 버블로 단정하는 것은 극히 위험한 생각이다. 특히 투자자에게는 이런 태도가 중요하다. 버블이 분명하고, 곧바로 붕괴할 것 같으면 투자자는 공매도에 나서기 십상이다. 하지만 이처럼 쉽게 돈을 벌 수 있을 것 같은 느낌이 들 때가 사실은 위험하다. 버블은 언제 붕괴할지 알 수 없으며, 비합리적인 수준이 되었어도 더 올라갈 가능성이 있기 때문에 내려갈 거라고 생각하며 투자하는 것은 위험하다는 것이다.

실제로 대부분의 버블에서는 한 번 폭락한 후 다시 상승하는 현상이 나타난다. 흥미롭게도 폭락 후의 상승이 오히려 이전보다 더 격렬해지는 경우가 많다. 이 급등 후에 다시 한 번 폭락이 찾아오면서 진짜 버블 붕괴가 일어나는 것이 전형적인 패턴이다.

이러한 움직임을 보이는 이유는 투자자의 교체가 이뤄지기 때문이다. 버블이 한 번 붕괴하면 버블의 지속, 즉 더 오를지 어떨지 자신이 없는 투자자들은 매각해버린다. 한편 한번 붕괴한 후에 매수한 투자자는 너나없이 계속 상승할 것이라고 믿는다.

조금만 생각해보면 이는 당연한 것이다. 그토록 강하게 믿지 않았다면 그 무서운 폭락의 와중에 매수를 선택할 이유가 없다. 더구나 새롭게 자산을 보유하게 된 이들, 즉 장래의 잠재적 매도자는 모두 극단적으로 강경하기 때문에 누구도 팔려고 하지 않는다. 조금 오른 정도에서 팔아버리는 것은 아깝다.

결국 팔려는 사람들이 없다 보니 가격은 더 급등한다.

하지만 주가는 계속 오르게 될까? 그럴 리 없다. 언제가 됐건 팔아야 이익을 실현할 수 있다. 문제는 바로 여기에 있다. 주가가 계속 오르리라 믿으며 주식을 보유하는 투자자들도, 주가가 상승하는 것에는 자신이 있지만 언제 팔아야 하는가는 자신이 없다. 다음에 붕괴의 조짐이 보이면 바로 매각해야만 한다는 긴장감으로 움츠러든다.

그들은 자신의 투자 행위가 버블에 편승하여 돈을 벌려는 것임을 아주 잘 알고 있다. 뿐만 아니라 자신들처럼 버블에 편승하여 돈을 벌려는 투자자들 말고는 이 주식을 사려는 투자자가 없다는 것도 잘 알고 있다. 이 주식을 보유하고 있는 다른 투자자들이 팔기 시작하고, 일단 가격이 하락하면 구매자가 존재하지 않기 때문에 주가는 한순간에 무너지고 그러면 팔 기회를 놓칠 수도 있다는 것을 충분히 인식하고 있다.

그런데도 언제 팔아야 할지 몰라 전전긍긍한다.

가격이 꽤 상승하면, 주식을 보유하고 있던 투자자는 지금이라면 확실히 돈을 벌 수 있다고 생각하며 주식을 서둘러 팔아버리고 싶은 충동을 느낀다. 그리고 같은 주식을 보유한 다른 투자자들도 마찬가지라는 것을 알고 있기 때문에, 너무 앞서가거나 뒷북 치지 않기 위해 극도로 신경을 곤두세운다.

이러한 상황에서의 주가 급등은 위험하다. 만약 누군가가 팔기 시작하면 다른 투자자도 팔기 시작한다. 매도가 매도를 부르고, 시장 전체의 투자자가 일제히 투매하여, 한순간에 가격이 무너질 가능성이 있다. 즉 폭등은 폭락의 계기가 될 수 있으며, 그 결과 가격이 조금이라도 무너지기 시작하면 한순간에 무너지게 되는 것이다.

여기에서 또 한 가지 알 수 있는 것은, 버블에서는 대부분의 투자자가 그것이 버블이라는 것을 인식하며, 언제라도 도망칠 수 있는 태세를 갖추고 있다는 점이다. 상하이 시장의 경우에도 3000포인트 수준에서도 모두 빠져나갈 태세를 이미 갖추었기 때문에 바로 매도에 나선 것이다. 그러나 아직 남았다고 생각한 투자자들도 많았기 때문에, 이 하락의 시기는 곧 반전되었다. 다른 한편 그 후 2007년 10월부터 11월에 걸쳐 6000포인트라는 한계까지 오른 후의 하락, 특히 2008년 1월 말 이후 미국 시장의 폭락을 야기한 버블 붕괴 때는 더 오를 거라고 생각한 투자자는 없었고, 실제로 거의 모두가 빠져나왔다.

이해할 수 없는 점은 폭락이 시작될 것 같은 아슬아슬한 상황까지 보유하고 있을 필요가 있었나 하는 것이다. 그러한 위험한 방식이 아니라, 다른 투자자들과 상관없이 먼저 빠져나오면 좋지 않을까? 많은 이코노미스트들이 그것을 당연하게 생각한다.

하지만 그것은 틀렸다. 왜냐하면 다른 투자자보다 빨리 빠져나오면, 큰 이익을 올릴 기회를 놓치기 때문이다. 버블로 돈을 벌려고 하는 경우 큰돈을 벌지 않으면 아무 의미가 없다. 따라서 큰 이익을 얻을 기회를 잃는 것은 용납될 수 없는 것이다.

상하이 시장을 예로 들어보자. 3000포인트에서 시장이 붕괴했을 때, 붕괴 직후인 2900포인트 정도에서 팔고 빠져나왔다고 하자. 그러나 그 후 6000포인트까지 상승했기 때문에 자산을 배 이상으로 만들 기회를 놓친 셈이다. 모두가 버블에 올라탔을 때, 시장에서 빠져나오는 것은 보석 더미를 앞에 두고 자리를 뜨는 것과 같다. 그보다는 보석 더미를 가지고 나와야만 한다. 그 후의 상승 국면에서 5000포인트까지 올랐을 때 팔아도 좋고, 6000포인트를 정점으로 무너지기 시작했을 때 재빨리 5500포인트에서 팔고 나왔어도 좋은 것이다. 2900포인트에서 매도하는 것과는 천지 차이다.

버블로 돈을 벌기 위해서는 초기 단계에서 빠져나와서는 안 된다. 아슬아슬할 때까지 게임을 해야만 하는 것이다.

믿음의 한계선

– 도망칠 시점을 노리는 신도들

이미 앞에서 서술한 것처럼, 세계 동시 주가 폭락의 직접적인 계기는 상하이 시장의 하락이 아니라, 미국 시장의 폭락이었다.

2월 27일 미국 시장은 상하이 시장의 폭락, 그 영향을 받은 아시아, 유럽 시장의 하락으로 인해 개장 초기 다우존스 평균 주가가 200달러 하락했다. 그러나 더 큰 문제는 폐장 무렵 다시 200달러 떨어진 것이었다. 이렇게 뒤이은 200달러 하락 혹은 하루에 다우존스가 400달러나 떨어진 충격으로 다음 날 유럽 시장은 폭락했다.

왜 다우존스 평균 주가가 하루에 400달러나 떨어졌을까? 그것은 투자자들이 언제 버블이 붕괴할지 몰라 불안한 상태에서 투자를 지속했기 때문이다. 2007년 2월까지 미국 주식시장은 지속적으로 상승했으며, 대부분의 투자자들이 다우존스 평균 주가는 언제 무너져도 이상하지 않다고 생각하고 있었던 것이다.

차트를 보면 2006년 7월의 다우존스 10,683달러를 저점으로 다음 해인 2007년 1월 말, 12,621달러까지 지속적으로 상승했다. 반년 사이에 18퍼센트 상승한 것인데, 이 같은 상승은 드문 일이다. 속도감, 상승 폭 모두 지나치게 올랐다고 느낄 만하다. 그래서 모두가 사소한 계기로도 상승에 대한 반동으로 급락하리라고 예상하고 있었으며, 실제로 그런 일이 일어나면 즉시 시장에서 빠져나오려 했다.

따라서 세계 동시 주가 폭락의 계기는 반드시 상하이일 필요가 없었고, 인도라도 같은 일이 일어났을 것이다. 논리적으로는 베트남 주식의 폭락도 계기가 될 수 있었다. 하지만 실제로 베트남 주가 폭락은 역시 박력이 부족해서 세계 투자자들이 투매하는 계기가 되지는 않았을 것이다. 베트남 시장은 규모가 매우 작고, 베트남 버블 붕괴라는 뉴스로는 투자자들에게 공포감을 주지 않기 때문이다. 하지만 중국 주식의 폭락이라면 충분히 충격을 줄 수 있다. 신문의 1면 톱이 될 만한 뉴스다. 게다가 상하이 주식시장이나 부동산 시장이 버블적인 상승을 지속하고 있는 것은 잘 알려진 사실이었기 때문에, 버블 붕괴라는 연상이 투자자들과 미디어로 확산되어 심리적인 충격도 커진다. 버블이라는 말은 폭등하든 폭락하든 누구나 좋아하는 것이다.

즉 상하이 시장의 폭락이라는 지엽적인 현상이 방아쇠가 되어, 원래 불안정했던 미국 시장이 동요하고, 그 동요가 미국 시장의 폭락이라는 사태를 일으켰다. 그리고 미국 시장의 폭락은 세계 주식시장에 전파되어 세계 동시 주가 폭락으로 이어진 것이다.

이러한 미국 시장의 폭락과 세계 동시 주가 폭락의 이유는 동일한 것이었다. 즉 주식시장이 원래 버블 상태였고, 누구나 그것을 알고 있었다는 것이다. 미국 및 세계의 주식시장은 버블 말기의 상태로, 견실한 투자자 대부분이 팔아치울 시점을 기다리고 있었던 것이다.

버블에서 도망쳐 나오는 계기는 무엇이든 좋았다. 상하이 시장의 폭락은 그에 꼭 들어맞는 신호였다. 물론 투자자들에게는 상하이 폭락을 신호로 받아들여도 좋을까 하는 불안이 있었다. 그래서 미국 시장의 다우존스 평균 주가도 한순간에 400달러나 폭락했던 것이다. 유럽이나 아시아의 폭락도 미국 다우존스 400달러 폭락을 보고 비로소 본격화되었다. 그리고 버블 붕괴의 결정적인 신호는 급속한 엔고였다. 엔고의 진행이 엔 캐리 트레이드의 청산으로 해석되면서, 전 세계 리스크 자산에 대한 투자 종료를 재촉한 것이었다.

이 국면에서 개인투자자들은 어떻게 느끼고 있었을까? 그들은 이익을 챙겨 빠져나갈 타이밍을 기다리고 있었지만, 즐겁게 그 순간을 기다리진 않았다. 다른 투자자들을 곁눈질하면서, 버블에 언제까지 발을 담글지, 최후까지 남아서 어떻게 라이벌보다도 더 큰 이익을 볼 수 있을지에 심신을 소모시키며, 버블의 붕괴 순간을 놓치지 않으려고 항상 긴장하고 있었다. 그리고 버블 붕괴의 계기가 될 법한 사건, 모든 시장에서의 폭락에 대해 신경질적인 반응을 보였던 것이다.

베트남 시장의 폭락만으로도 이러한 긴장 상태에서 불안감을 증폭시킬 수 있었지만, 그것이 정말로 세계시장의 폭락으로 연결될지 여부를 알려면 더 깊게 관찰해야 한다. 상하이 시장의 폭락도 마찬가지였다. 이것이 세계시장의 폭락으로 이어질지도 모른다는 위기감이 전 세계 투자자들을 휩쓸었지만, 반드시 그렇게 될 것인가는 누구도 확신하지 못했다. 그런데 미국 시장에서 다우존스 평균 주가가 400달러나 하락하자, 버블 붕괴가 확실하다고 판단한 투자자들이 투매에 나섰고, 그 결과 세계 동시 주가 폭락이 일어났던 것이다.

미국 시장은 앞서 서술한 것처럼 상하이 시장의 폭락 때문에 그날 개장 무렵에 200달러 떨어졌다. 그러나 종장에서 조금이라도 하락 폭을 줄이려는 움직임이 있었다면, 미국 시장은 버블 붕괴로 이어지지 않았을 것이다. 그리고 세계도 전혀 동요하지 않았을 것이다. 따라서 종반의 추가적인 200달러 하락이 세계 동시 주가 폭락의 진짜 계기이며 진짜 범인인 것이다.

장밋빛 스토리의 파국적인 결말
– 버블 붕괴의 세 가지 요소

이로써 버블 붕괴 구조의 일부가 명확해졌다. 즉 버블 붕괴가 일어나는 것은 우선 그것이 버블이기 때문이다. 모두가 버블이라는 것을 알고 있기 때문에, 누군가 팔기 시작하면 다들 팔게 되며, 가격은 한순간에 폭락한다. 이것이 첫 번째 요소다.

두 번째 요소는 버블 붕괴의 신호가 울리는 것이다. 즉 버블 붕괴라는 데 모두가 합의(컨센서스)할 만한 사건이 일어나야 한다. 상하이 시장이 폭락했을 때 합의까지는 없었으며, 상하이 폭락의 영향을 받은 미국의 다우존스 400달러 하락, 엔고의 급진전이라는 사건에서 비로소 합의가 형성되었다. 버블 종료의 신호에 상하이만으로는 불충분하며, 다우존스 400달러 폭락이라는 요인이 필요했던 것이다.

세 번째 요소는 시장 전체의 분위기다. 버블이 붕괴하려면 이것이 비관적이며, 장래에 대해 부정적이라는 합의가 필요하다. 다만 장래라는 것은 '10년 후 일본은 인구 감소로 성장을 기대할 수 없다'거나 '올림픽 후 중국은 10년에 걸쳐 정체될 가능성이 높다'는 장기적인 추세에 관한, 다음 주나 다음 달 시장의 예측이다. 즉 장래에 관한 시장의 분위기란 다음 주나 다음 달의 시장 분위기가 장래에 관하여 비관적인지 어떤지 오늘의 시점에서 예상되는 것이다.

어떤 계기에 의해 주가가 폭락해도 그것만으로는 버블 붕괴로 이어지지 않는다. 세 번째 요소가 없으면, 즉 대다수 투자자들이 장래에 대해 낙관적이라면 폭락은 구매의 기회가 된다. 이는 매우 중요한 사실로, 대부분의 버블에서는 이미 버블이 붕괴했어도 역으로 급격히 가격이 반등하는 경우가 있다. 오히려 이 반전은 드문 일이 아니다. 전형적인 버블은 일단 붕괴하고 나서 급격히 가격이 반등하면서 최후의 꽃을 피운다.

앞서 서술한 것처럼 첫 번째 버블 붕괴가 일어났을 때 배짱이 약한 사람들은 보유한 주식을 모두 팔아치우고 버블로부터 내려온다. 그 결과 버블이 꺼진 자산을 계속 보유하거나, 새롭게 사거나 하는 것은 배짱 좋은 투자자뿐이다. 그들은 하락한 가격으로는 절대 팔지 않기 때문에, 그 후 주가는 오를 수밖에 없고 급등한다. 그리고 그때 시장의 분위기는 낙관적이 되어 그 시점까지 버블에 참가하지 않았던 새로운 투자자가 사줄 가능성이 있다. 그들은 조금 더 가격이 내려가면 참여하려고 생각했던 투자자들이다. 그들로서는 첫 번째 가격 하락은 기다리고 기다리던 기회다. 그들이 참여하면서 첫 번째 폭락 후 버블의 부활적인 가격 상승은 더욱 가속화된다.

따라서 버블은 첫 번째 가격 폭락으로 붕괴되지 않고, 두 번째 이후의 가격 폭락으로 진짜 붕괴된다.

이 구조를 일본 시장의 움직임을 따라가며 생각해보자. 2월 27일 상하이 시장이 폭락했을 때, 같은 날 일본 시장은 상하이 폭락의 뉴스가 전해졌어도 닛케이 평균 주가는 96엔밖에 하락하지 않았다. 한편 미국 다우존스 평균 주가가 400달러 폭락한 후인 28일에는 최대 737엔, 종가로 보아도 515엔 하락했다. 그러나 이 폭락은 상하이 폭락에 연동된 것으로, 일본 시장과 실제 경제와는 아무런 관계가 없기 때문에 절호의 구매 기회라고 보는 개인투자자들이 많았다. 그 배경에는 전날인 2월 27일 닛케이 평균이 18,300엔 대에 이르며 최고치를 3일 연속으로 갱신하고 단기적으로는 강세 장세였던 것이다.

그러나 앞서 서술한 것처럼 이는 버블 붕괴의 첫 번째 요소(대부분의 투자자는 버블이라고 알았던 것), 여기에서는 상하이발 주가 폭락 및 두 번째 요소(버블 종료의 신호가 될 가능성을 가진 '사건'의 발생, 여기에서는 미국 시장의 다우존스 평균 주가 400달러 폭락)를 갖추었기 때문에, 절대로 사서는 안 되었던 것이다.

그러나 매수에 나선 투자자들이 꽤 많았기 때문에 시장에서는 불가사의한 움직임이 지속되었다. 대폭락한 2월 28일에도 닛케이 평균 주가의 종가는 최저치로부터 222엔이나 오른 채 마감되었다. 많은 투자자들이 이것을 절호의 매수 기회로 보았던 것이다.

스토리의 유효 기간이 끝나면
버블에서 탈출하라

3월에 들어서도 같은 움직임이 지속되었다. 1일 아침 거래 개시 직후, 매수 움직임이 나타나 하락 폭에 제동이 걸렸다. 그런데 그 후 다시 크게 하락하여, 그날 닛케이 평균 주가의 최저치는 전일대비 343엔 하락한 17,261엔이었다. 패닉은 끝나지 않았음이 드러난 것이다. 그러나 그 후엔 다시 상승하여 그날의 종가는 최저치보다 크게 오른 17,453엔이 되었다. 전일대비 151엔 내려간 것에 지나지 않으며, 최저치로부터는 192엔이나 오른 것이다. 2일인 금요일도 같은 움직임을 보였다. 개장할 때 하락 폭은 적었지만, 그 후 크게 하락해 닛케이 평균 주가는 일시에 300엔 가까이 떨어졌다.

2월 28일, 3월 1일, 2일, 이 3일 동안 오늘이야말로 구매할 기회라고 생각하고 매일 아침마다 매수한 투자자들도 많았지만, 그들은 매일 손실을 확대했다. 그래서 일본 시장의 주가 폭락은 이어진 것이다.

다음 주 월요일인 3월 5일은 미국 시장의 대폭적인 가격 하락의 영향을 받아 크게 하락하여 225엔 떨어진 16,992엔으로 17,000엔대를 하향 돌파했다. 그리고 그 후 거듭 폭락하여 한때 지난 주말대비 685엔이나 폭락한 16,532엔으로 떨어졌고 종가도 지난 주말대비 575엔이 떨어졌다. 이날은 누구든 살 기력을 상실했기 때문에 종장 무렵에 상승의 기미를 보이는 움직임은 나타나지 않았다. 지난 주말에 미국의 폭락으로 전 세계 주가가 동반 하락하면서, 일련의 세계 동시 주가 폭락은 일시적인 것이 아니라 진짜 버블 붕괴일지도 모른다는 두려움이 확산되기 시작했다. 2월 27일 이후에 주식을 산 투자자나 그전부터 주식을 계속 보유한 상태에서 반전을 바라며 투매를 참아온 투자자들도 3월 5일에는 체념하여 투매했다. 그 결과 하락 폭이 더 커지고 거래량도 급증했다.

그러나 재미있는 사실은 이때는 진짜 버블 붕괴가 아니었다는 것이다. 3월 5일을 바닥으로 시장은 급반등했다.

다음 날인 6일, 닛케이 평균 주가는 202엔 상승했다. 7일에는 144엔 상승한 후, 하락하여 전일대비 80엔 떨어졌음에도 8일에는 326엔이나 대폭 상승했다. 더욱이 8일은 하루 내내 상승 기조가 지속되어, 5일의 종가로부터 일주일 사이에 닛케이 평균 주가는 합계 650엔이나 상승했다. 2월 27일부터 시작된 폭락은 일주일 지속되었지만, 그 후 급반전하여 일주일 동안 지속 상승했던 것이다.

왜 이때 진짜 버블 붕괴가 일어나지 않았을까? 앞서 서술한 버블 붕괴의 첫 번째 요소와 두 번째 요소는 갖춰졌지만, 세 번째 요소가 갖춰지지 않았기 때문이다. 즉 폭락 직전까지는 시장 전체가 초강세 분위기, 장래의 주가에 대해 장밋빛 미래를 그리고 있었으며 이것이 버블의 최종적인 붕괴를 멈추게 했던 것이다. 이 시점에서도 버블이라는 인식은 있었지만, 여기에서 버블이 꺼진다고는 아직 누구도 믿지 않고 있었다.

아직 공포감이 지배하는 시점은 아니었다. 버블 붕괴에는 반드시 빠져나올 타이밍이 몇 번이나 있게 마련인데, 이것이 첫 번째 타이밍이었다. 3월 6일 이후의 반전에서 빠져나올 수도 있었던 것이다. 그러나 여기에서 도망치면 라이벌에게 진다. 6일 이후의 상승으로 진짜 버블 붕괴는 미루어졌기 때문에 대부분의 투자자들이 다시 버블에 편승하여 또 한 번 돈을 벌려고 했다. 왜냐하면 다음 폭락, 즉 진짜 버블 붕괴는 이때의 폭락에 비해서 터무니없이 격렬한 것이 되어, 모든 투자자들이 공포에 휩싸이게 되리라고는 그들도 아직 상상할 수 없었기 때문이다.

버블경제학

6

경제의 핵심은 펀더멘털이 아닌 센티멘털

우리는 각종 경제지표에 많은 관심을 갖고 있다.

투자율, 실업률, 물가상승률 등등 온갖 실물경제의 지표는 경제의 객관적인 흐름을 보여주기 때문이다. 이런 이유로 우리는 경제의 펀더멘털(fundamental : 기초 체력)이야말로 경제의 흐름을 좌우하는 결정적인 요소라고 생각한다. 하지만 버블경제는 펀더멘털이 아니라 센티멘털(sentimental : 투자 심리)에 의해 지배된다.

잠시라도 투자를 해본 사람들은 경제가 시장 참여자들의 분위기인 센티멘트에 얼마나 쉽게 좌지우지되는가를 느꼈을 것이다. 앞서 여러 차례 강조했듯이, 금융공학은 증권화를 비롯한 각종 메커니즘으로 실물자산과 그에 연동된 리스크를 사람들의 뇌리에서 지워버렸다. 투자자들은 다른 투자자들의 구매 심리에 신경을 곤두세운다. 실물지표가 발표되면, 그 발표가 다른 투자자들의 심리에 어떤 영향을 끼쳤는지에 관심을 가진다.

2007년 8월 9일~17일, 격렬했던 세계의 주식시장

버블 붕괴는 두렵다. 붕괴의 속도, 그에 따른 시장의 혼란, 그리고 무엇보다 투자자의 패닉 등등 어쨌든 엄청나게 격렬하다. 투자자는 심리적인 동요, 후회, 자기혐오, 현실 도피 그리고 가차 없이 엄습해오는 채무에 대한 상환 요구, 청산에 직면한다. 그런 와중에도 시장은 폭락을 지속하며 더더욱 격렬해진다.

서브프라임 쇼크는 2007년 8월 9일 목요일에 일어났다.

이날 유럽 시각으로 저녁, 프랑스의 BNP파리바가 서브프라임 관련 증권시장의 혼란 속에서 산하 3개의 펀드 환매를 동결했다. 이것이 계기가 되어 유럽 은행 사이에 단기자금의 조달이 어려워지면서 유동성 위기가 일어나 쇼크의 기미가 세계를 감돌았다.

서브프라임 론 문제(이하 서브프라임 문제)는 이미 그전부터 인식되어

왔다. 2006년 12월에는 중견 론 회사가 잇따라 신규 융자를 중단했다. 2007년 2월 말 상하이 쇼크 직전 뉴욕 시장에서는 서브프라임 멜트다운이라는 말이 유행했다. 서브프라임 론의 리스크 지표가 악화되어, 금융주가 대폭 하락했기 때문이다. 상하이 쇼크로 미국 주식이 크게 하락한 것의 진짜 원인은 서브프라임 문제였으며, 상하이는 한 계기에 지나지 않았다.

게다가 2007년 4월에는 서브프라임 전문 최대 기업 중 하나인 뉴 센트리 파이낸셜이 도산했다. 따라서 서브프라임 론이 파탄했을 때 놀란 사람은 아무도 없었다.

그러나 미국 주택시장의 문제인 서브프라임 문제가 유럽 금융기관에까지 파급된 것은 큰 충격이었다. 이것은 시장에도 쇼크를 주어 세계 주가가 폭락했다. 유럽 중앙은행은 대량으로 단기자금을 제공했다. 그것도 2001년 9 · 11 테러 직후와 맞먹는 수준의 엄청난 자금이었다.

2007년 8월 9일 미국 시장은 개장하자마자 폭락했는데, 중간에는 매수 우위의 상황도 있었다. 그러나 폐장 무렵 다시 급락하여 다우존스 평균 주가는 387달러 하락했다. 그 영향을 받아 10일의 아시아 시장도 홍콩 2.9퍼센트, 일본 2.4퍼센트 폭락으로 이어졌다. 그리고 이 폭락의 연쇄는 지구를 한 바퀴 돌아 BNP파리바 쇼크의 진원지인 유럽 시장을 강타했다. 충격은 증폭되어 영국은 3.7퍼센트로 대폭 하락했다.

그러나 이 폭락은 시작에 지나지 않았다. 세계 금융시장이 진짜 공포에 휩싸인 것은 그다음 주였다.

미국 시장은 14일 화요일에 대폭 하락했고, 15일 수요일에는 대폭락했다. 지난 주 목요일과 금요일의 어지러운 등락 후였다는 것만으로도, 그것은 공포감을 자아냈다. 화요일의 하락 때문에 수요일은 반등할 것이라는 기대마저 꺾어버린 폭락이었기에 충격은 배로 컸다.

16일 목요일 아침은 공포감에 휩싸였다. 그 공포감은 어지러운 주가 등락을 야기했다. 화, 수요일 이틀간 대폭 하락이 지속되었다면, 목요일은 당연히 반발세가 일어날 것이었지만, 그 덧없는 기대는 곧 산산조각 났다. 오전 장에서는 일시, 전일대비 135달러까지 상승했지만, 바로 폭락하여 한순간에 540달러나 하락했다. 투자자는 절망의 심연에 빠졌다. 그러나 종장 직전 30분 동안 급등해서 390달러 상승하여, 전일대비 마이너스 16달러로 전일과 거의 비슷한 수준이 되었다.

폭락의 최종 국면에서는 대량 투매에 따라 가격이 대폭 하락하는데, 매도 물량이 쏟아져 나와 바닥을 치는 패턴이 된다. 이른바 '셀링 클라이맥스(selling climax : 주식시장에서 투자자들이 시장을 비관적으로 보고 투매하여 가격이 폭락하는 것-옮긴이)'다. 16일 미국 시장에서는 그게 이뤄진 것처럼 보였다. 실제로 이날의 가격 변동은 분명히 바닥을 친 움직임이었다. BNP파리바 쇼크로부터 일주일 동안 노도와 같은 폭락은 한 단계 떨어져 시장 상황이 전환점을 맞이했다는 예측이 지배적이었다.

다른 한편, 유럽 시장은 이 일주일 동안 미국 시장의 동향에 크게 좌우되었다. 시차 때문에 미국 시장이 열리기 전인 오전 중에는 가격 변동이 적었다. 하지만 오후가 되자 미국 시장의 동향에 맞춰 격렬하게 움직이는 상황이 전개되었다.

2007년 8월 6일~8월 24일 주가 차트

[영국 시장]

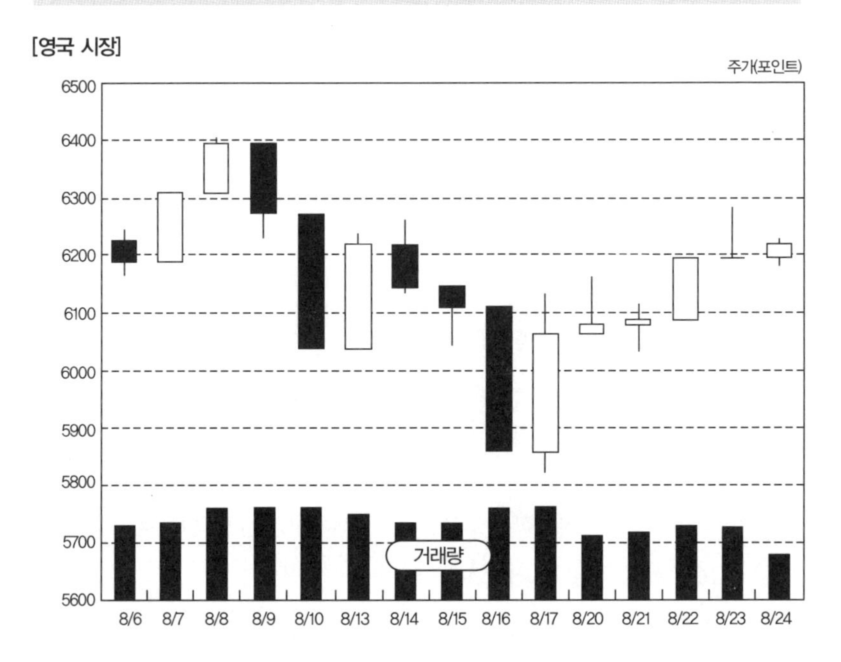

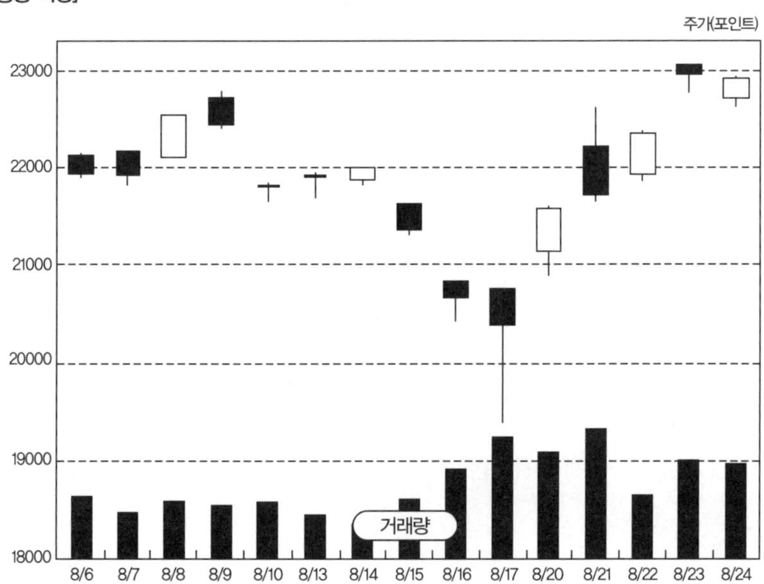

[미국 시장]

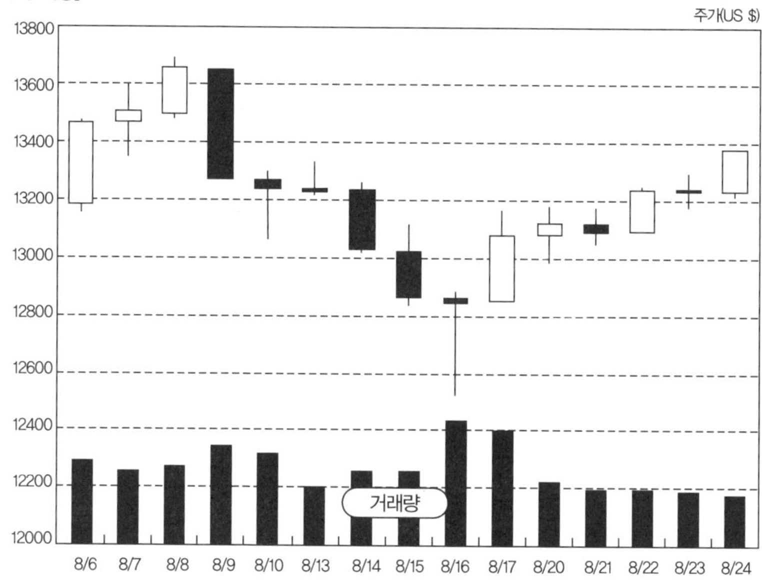
주가(US $)
13800
13600
13400
13200
13000
12800
12600
12400
12200
12000
거래량
8/6
8/7
8/8
8/9
8/10
8/13
8/14
8/15
8/16
8/17
8/20
8/21
8/22
8/23
8/24

[일본 시장]

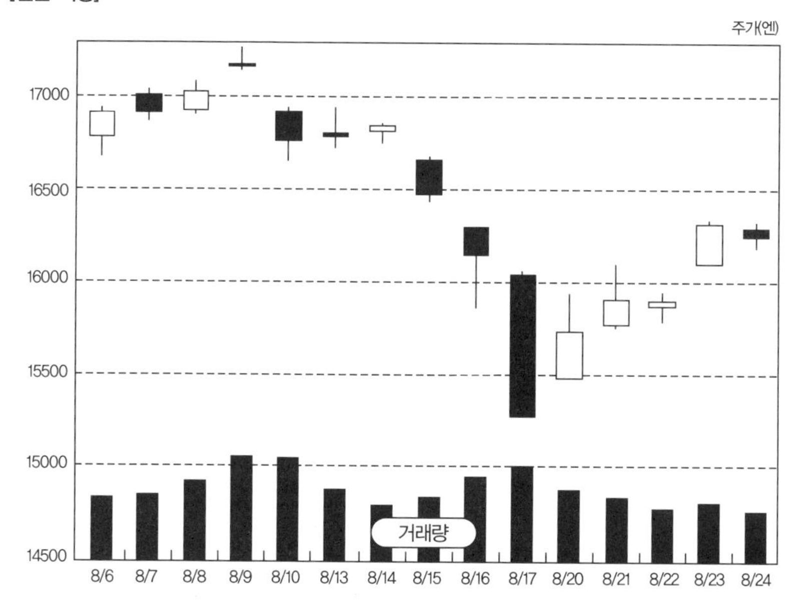
주가(엔)
17000
16500
16000
15500
15000
14500
거래량
8/6
8/7
8/8
8/9
8/10
8/13
8/14
8/15
8/16
8/17
8/20
8/21
8/22
8/23
8/24

일본 시장도 유럽 시장과 마찬가지로, 미국 시장의 움직임에 휘둘렸다. 14일에는 올라갔음에도 15일에는 대폭 하락했다. 14일의 미국 시장 대폭 하락의 영향을 받은 것이다. 15일 미국이 다시 폭락하자 16일 일본 시장은 더 크게 폭락했다. 한때 닛케이 평균 주가의 하락 폭은 600엔을 넘어서 시장은 패닉 상태에 빠졌지만 종장 무렵에는 300엔 가까이 회복하여 327엔 하락으로 끝났다.

17일 금요일, 일본 시장도 16일의 미국 시장의 영향을 받은 것으로 보인다. 앞서 서술한 것처럼 16일, 미국 시장은 마지막 30분 동안 급등했다. 그 때문에 일본 시장은 전일 327엔 하락한 경우도 있어서 대폭 반발로 시작할지도 모른다고 생각되었던 것이다. 그러나 거래 개시 직후부터 하락했고, 큰 폭으로 엔고가 진행됨에 따라 닛케이 평균 주가는 16일 수준에서 다시 100엔 정도 하락했다. 그리고 16,000엔을 돌파하자, 그대로 주르륵 떨어졌다. 오후에 들어서도 하락 폭이 확대되었다. 오후 2시가 넘자, 외환이 한순간에 엔고로 나아가면서 패닉 투매가 일어 닛케이 평균은 874엔 떨어진 15,273엔으로 폐장했다.

다른 아시아 시장도 폭락했지만, 유럽은 그만큼 떨어지지 않고 일본만 눈에 띄게 떨어진, 기묘한 분위기였다. 이상한 느낌에 사로잡힌 채 세계는 미국 시장이 열리기를 기다렸다.

미국 시각으로 17일 금요일 아침, 시장이 열리기 직전에 FRB(미국 연방준비제도이사회)는 기준금리를 0.5퍼센트 인하한다고 발표했다. 그러자 유럽 시장이 급등하고, 미국 시장도 다우존스 평균 주가가 430달러 상승했다. 결국 폐장 무렵에는 상승 폭이 축소되었음에도 불구하고 플러스 235달러로 끝났다. 그 영향을 받아 다음 주인 20일 월요일의 일본 시장은 급속히 회복되어, 닛케이 평균이 459엔 높은 15,732엔, 21일에는 169엔 상승, 월말인 31일에는 닛케이 평균이 16,569엔으로 17일에 비해 1,295엔 상승했다.

"멍청아, 다른 사람들의
분위기(sentimental)를 파악하래도!"

이상이 서브프라임 쇼크에서 가장 격렬했던 일주일간의 움직임이다. 이로부터 무엇을 알 수 있을까?

우선 서브프라임 관련 뉴스는 BNP파리바 쇼크가 일어난 8월 9일 이외에는 거의 나오지 않았다는 점이다. 세계의 주가는 뉴스가 흐르는 것에 의해 움직임이 생겨나는 것이 아니라, 미국 시장의 움직임에 좌우될 뿐이라는 것을 알 수 있다. 서브프라임 쇼크의 방아쇠를 당긴 BNP파리바 쇼크가 일어난 당일, 진원지인 유럽 시장에서조차 미국 시장의 반응을 기다리려고 한 측면이 있다.

그리고 세계를 움직이는 미국 시장의 움직임도 뉴스에 대해서 반응하는 것이 아니라, 시장의 소용돌이가 습격해온 것에 의해 생겨난 것 같았다. 서브프라임 쇼크에 의한 금융기관의 손실액 등 뉴스에 반응하여 즉석에서 급락한 이후 주가는 이들 뉴스와는 관계없이 어지럽게 등락했다.

즉 주가는 펀더멘털이라고 불리는 기업의 수익이나 거시경제지표에 관한 뉴스에는 즉각적으로 반응하지만, 그 반응 후에는 뉴스와는 관계없이 어지럽게 등락하는 상황이 전개되었다. 이것은 펀더멘털이 요인이 된 주가 하락은 폭락의 극히 일부였을 가능성을 시사하고 있다.

이것을 단적으로 드러내는 예가 선진국 주식시장 중에서 일본 시장의 하락률이 가장 컸던 점이다. 서브프라임의 본거지인 미국 시장도, 단기금융시장의 혼란의 영향이 직접적으로 파급된 유럽 시장도 아닌, 서브프라임 관련 증권을 보유하지 않았던 일본 시장이 가장 격렬한 폭락에 휩싸인 것이다.

이것으로부터 서브프라임 쇼크를 계기로 한 세계 금융시장의 혼란은 펀더멘털적인 쇼크, 즉 서브프라임 론 시장의 붕괴에 따른 미국 경제의 침체가 원인이 아니라는 점을 알 수 있다. 세계 금융시장의 혼란의 배후에는 다른 구조적인 변화가 작용했던 것이다.

2007년 8월의 서브프라임 쇼크에서 나타난 특징적인 현상 두 번째는 하루의 주가 변동이 극히 격렬했다는 점이다. 예를 들면 16일 미국 시장의 경우 오전 중에는 격렬하게 폭락했지만, 폐장 전 30분 사이에 급격히 반등하여 그날 폭락분의 대부분이 원상회복되었다. 이렇게 매일 어지럽게 등락을 되풀이할 뿐만 아니라 하루 중에도 등락을 했던 것이다.

더욱이 이것은 16일에만 한정되지 않았다. 그 주 내내 미국 시장은 하루에도 몇 번씩 현기증이 날 정도로 어지럽게 등락했다. 마지막 30분을 보지 않고서는 종가가 대폭 플러스일지 대폭 마이너스일지 전혀 예측할 수 없는 상황이었다. 그 때문에 이 30분은 '마의 30분'으로 불렸다. 마지막 30분 사이에 매일 쇼킹한 뉴스가 집중된다는 것은 있을 수 없다. 이것도 펀더멘털과는 관계없이 주가가 춤을 추고 있음을 보여주는 증거다.

이들 두 가지 특징으로부터 주식시장의 본질, 특히 버블 붕괴처럼 시장이 격렬하게 변동하는 경우에, 주가를 움직이는 요인에 대해서 새로운 통찰을 할 수 있다.

주가를 움직이는 것이 펀더멘털이 아니라면, 대체 어떠한 요인 때문에 주가가 어지럽게 등락하는 것일까?

그것은 센티멘털(sentimental)이다. 행태주의 금융이론에서는 센티멘털을 보통 투자 심리라고 번역하지만, 여기에서는 시장 전체의 현상을 드러내기 위해 '시장 분위기'라고 옮기는 것이 더 정확할 것 같다.

유럽 시장이나 일본 시장의 투자자들은 미국 시장이 어떻게 될 것인가에만 주목했다. 따라서 투자자들은 서로 신호를 주고받지 않았음에도 완전히 동일한 감각, 공포감에 지배되었다. 즉 미국 시장의 움직임은 그대로 개인투자자들의 투자 행위로 직결되고, 그것이 다시 시장 전체의 분위기, 흐름으로 확정된다. 그 때문에 펀더멘털은 가격 흐름에 별반 영향을 끼칠 수 없게 됐다.

이 분위기의 원천인 미국 시장의 주가 움직임을 결정하는 것도 펀더멘털이 아니다. 미국 시장의 주가 움직임은 미국 시장의 다수파 투자자들이 어떻게 생각하는가에 의해 결정된다. 그리고 예의 '마지막 30분'의 가격 변동이 어떻게 될까에 따라 투자자의 감정과 행동도 결정된다. 손실을 최소화하기 위해서는 마지막 30분의 흐름을 본 후에 그 흐름에 거스르지 않는 매매를 해야 했다.

결국 세계시장의 주가 움직임도, 그것을 결정하는 미국 시장의 주가 움직임도 모두 펀더멘털이 아닌 센티멘털, 즉 시장 분위기에 의해 결정되었던 것이다. 그리고 이 분위기가 어지럽게 등락하면 세계 주식시장도 어지럽게 등락했다.

이러한 상황에서는 시장의 흐름을 만들어낼 만큼 영향력 있는 투자자는 작전을 펴려고 한다. 즉 대량으로 매매함으로써 주가를 크게 움직여 흐름을 만들어내면 다른 투자자들이 추종하여 흐름을 가속화하기 때문에 그것을 노린 매매를 하는 것이다. 이 작전 투자자 이외의 투자자들은 모두 불안한 마음으로 거래를 하기 때문에 전체의 흐름에 따를 수밖에 없다. 대폭 하락하면 더 폭락할까 봐 겁이 나서 투매하고, 급격히 반등하면 이것을 놓치지 않으려고 다시 되산다. 이에 따라 어지러운 등락의 진폭이 더욱 확대된다. 이 오버슈트(과잉 반응)를 이용한 작전세력은 크게 수익을 올린다. 그들이 팔면 시장은 더욱 떨어지고, 되사면 시장은 그 이상으로 크게 오르기 때문에 수익을 올릴 수 있다.

그 결과 주가 동향은 과잉 반응으로 격렬해진다. 따라서 시장의 혼조세는 대부분 과잉 반응에 따른 것이며, 펀더멘털과 관계없을 뿐만 아니라, 개인투자자들의 풀죽은 센티멘털로는 설명할 수 없다. 작전 때문에 주가가 폭락하고, 또 작전 때문에 주가가 반등한다. 그러한 움직임이 그날의 마지막 30분, 혹은 다음 날의 큰 반등으로 나타나는 것이다.

이것이 가장 현저히 나타난 것이 미국 시장, 일본 시장의 8월 16일의 움직임, 그리고 일본 시장의 다음 날인 17일의 폭락 및 20일 월요일의 대폭적인 반등에서였다.

엔 캐리 트레이드가 청산됐다는
'인식'에 좌우된 일본 시장

그러나 17일 일본 시장의 폭락은 이 과잉 반응만으로는 설명할 수 없다. 미국의 움직임에 연동하지 않고, 미국의 급반등을 무시하는 것처럼 격렬하게 폭락한 것은 불가사의한 일이었다. 16일 미국 시장은 마지막 30분간 급반등했음에도 왜 17일 일본 시장은 유독 폭락했을까?

첫 번째 이유는 일본 시장이 선진국에서 가장 레벨이 낮은 시장이었기 때문이다. 항상 외국인 투자자들의 동향을 엿보고, 흐름을 만들어내는 투자자들을 뒤쫓기만 하는 것이다. 그 때문에 센티멘털에 크게 휘둘려 작전세력의 좋은 먹잇감이 된다. 실제로 8월 17일처럼 센티멘털이 모두 비관적이었을 때는 대폭 하락 작전이 이뤄졌다. 그 결과 하락 폭도 가장 커진 것이다.

두 번째 이유는 외환이다. 일본만큼 외환 동향, 엔고에 취약한 시장은 없다. 그것은 수출 의존형 경제라서가 아니라, 수출 의존형 경제라는 생각이 있기 때문이다. 이는 엔고에 대한 시장의 반응은 항상 부정적이고, 엔고는 기업 수익에 나쁘다는 극히 도식적인 인식에 기초한다.

그러나 이번에는 더 큰 이유가 있었다. 그것은 엔 캐리 트레이드의 청산이다. 앞장에서도 서술했지만, 엔 캐리 트레이드란 금리가 극단적으로 낮은 엔으로 자금을 조달하여 그것을 오스트레일리아와 뉴질랜드 등의 고금리 통화로 운용하거나 달러와 유로로 전환하여 세계의 다양한 리스크 자산에 투자하는 거래다. 고금리 통화가 자국의 인플레이션 때문에 외환 가치가 하락할 리스크가 있음에도 불구하고 가격 상승을 지속한 것은 엔 캐리 트레이드에 의한 지속적인 자금 유입이 있었기 때문이라고 생각된다. 엔 캐리 트레이드는 고금리 통화만이 아니라 글로벌 주식시장, 현물 상품(원유 등 광물자원, 귀금속, 비철금속, 곡물 등) 시장의 활황을 초래해왔다고 말해진다. 세계 속의 리스크 자금의 일정 부분이 엔 캐리 트레이드에 의해 공급되어왔다고 생각되는 것이다.

2007년 8월 이전부터 시장의 관심은 엔 캐리 트레이드의 대규모 청산이 언제 일어나는가 하는 것이었다. 엔 캐리 트레이드가 청산될 조짐이 보일 때마다 세계의 주식시장, 특히 일본 시장은 하락해왔다. 예를 들면 일본 은행에 의한 0.25퍼센트의 정책 금리 인상 등은 경제에 주는 부정적인 영향이 거의 없음에도 불구하고 엔 캐리 트레이드 청산을 연상시킨다는 이유로 그때마다 주식시장이 하락했다. 미국 시장의 폭락을 계기로 한 세계 동시 주가 폭락에서도 엔 캐리 트레이드의 청산을 연상시킨 점이 일본의 주식시장을 하락시킨 것이다.

이 장에서 추적해온 2007년 8월 BNP 파리바 쇼크를 계기로 한 서브프라임 쇼크도 실은 그 하나였다.

서브프라임 쇼크는 서브프라임 관련 증권의 투자 리스크가 현실화된 것이다. 그러나 본질적인 의미는 세계 곳곳의 리스크 자산에 대한 투자를 철수할 타이밍을 알리는 신호탄이 터졌다는 것이다. 즉 엔 캐리 트레이드는 끝난다는 신호였던 것이다.

실제로 서브프라임 쇼크로 인해, 엔의 차입을 상환하기 위해 엔을 되사는 움직임이 가속되어 한순간에 엔고 상태가 조성됐다. 이는 엔 캐리 트레이드의 종료 신호이기 때문에 모든 리스크 자산에 대한 투자자의 자금 철수를 연상시키면서, 모든 리스크 자산의 가격이 하락했다. 즉 부동산, 부동산 관련 증권, 오스트레일리아 등의 고금리 통화 등이 하락했을 뿐만 아니라 원유도 그 순간은 하락하고, 글로벌 주식시장도 하락했다. 물론 일본의 주식시장도 하락하고, 엔이 급등하면서 일본의 주식시장을 더욱 하락시키는 연쇄 반응이 일어났다.

또한 양에서 질로의 도피가 일어나서 리스크가 상대적으로 낮다고 생각되는 자산, 즉 미 국채, 일본 국채의 가격은 급상승했다. 이때 원유는 중장기적으로는 하락하지 않을 자산으로 인식되어, 서브프라임 쇼크 이후 채권과 주식 등의 리스크 자산으로부터 도피해온 자금의 저수지가 되었다. 금 등 기타 자원 그리고 곡물도 중장기적인 가격 상승이 예상되어 서브프라임 쇼크 이후 많은 자금이 모여들었다. 이후 원유, 곡물, 금 및 기타 희소자원과 같은 전혀 다른 종류의 상품 가격이 서로 연동하여 움직이게 됐다.

여기에서 서브프라임 문제의 본질이 나타난다. 서브프라임 쇼크에 의한 주식시장의 하락 과정에서 실은 서브프라임은 거의 나오지 않았다. 미국 시장이나 부동산과 관계없는 기업의 주식이 폭락한 것이다. 그것은 엔 캐리 트레이드 청산의 신호탄을 보고서 당혹스러워한 투자자들이 투매를 했기 때문이다. 즉 그것은 리스크 자금의 인출에 의한 폭락이었던 것이다.

시장 조작과 **군중 심리**

2007년 상하이 시장의 폭락으로부터 2008년 전 세계를 강타한 폭락 국면에서 우리가 얻을 수 있는 교훈은 세 가지다.

첫째, 펀더멘털은 무력하다는 것이다. 둘째, 펀더멘털이 아니라 개인 투자자들의 심리가 주가 변동을 만들어내고, 그 심리는 집단화된다는 점이다. 즉 폭락 국면에서는 주가의 변동 및 시장의 물결이 군중 심리에 의해 지배된다. 셋째, 군중 심리에 지배된 주가를 움직이기 위해서 군중 심리를 지배하려고 하는 투자자들이 존재하고, 폭락 국면에서 주가는 그러한 투자자들에 의해 움직일 가능성이 높다.

펀더멘털의 변화만으로는 폭락 국면에서 요동치는 주가 변동을 전혀 설명할 수 없다. 폭락 국면에서 주가를 지배하는 것은 다른 투자자들의 움직임이며 그에 대처하는 자기 자신이며, 자기의 심리다. 그리고 자신과 타자는 서로 영향을 주고받으며 군중 심리를 형성한다. 일반적인 개인투자자들은 물결에 휩쓸리는데, 그 물결은 결국 각 개인들이 만들어낸 것이다. 그리고 누구도 제어할 수 없는 물결의 소용돌이는 자기연동을 하고 있는 것처럼 보인다.

그러나 한편 이 군중 심리를 이용하여 이익을 얻으려는 움직임도 나타난다. 패닉을 선동하는 세력은 항상 존재하게 마련이다. 이 장에서 본 폭락에서는 하루 중에 혹은 일주일 사이에 격렬한 과잉 반응이 반드시 나타났는데, 이 과잉 반응의 요인 중 하나가 작전, 혹은 상장 조종에 가까운 움직임에 의한 것이었다. 이것은 군중 심리를 조작하여 시장을 움직이려 하는 것이다. 그 결과 군중 심리가 만들어져 시장을 움직이게 된다.

그렇다면 이 장에서 서술한 2007년 8월의 서브프라임 쇼크에 의한 주가 폭락과 앞장에서 서술한 2007년 2월 말의 세계 동시 주가 폭락의 차이는 무엇일까?

후자의 경우는 폭락은 일주일 사이에 반전했는데, 그 후 다시 하락했다. 그리고 3주 후부터 주가는 강력하게 상승세를 회복했다. 2007년 6월 초순에는 거의 견조한 상승세를 지속했다.

이에 비해 서브프라임 쇼크에서는 주식시장의 혼란이 한 달 정도 지속되었고, 그사이 가격 혼조세가 격렬하게 이뤄졌다. 그리고 채권시장, 특히 증권화 상품시장이 거의 궤멸적인 타격을 받아, 시장 자체가 성립하지 못할 지경에 이르렀다. 따라서 2007년 8월의 폭락으로 인한 시장의 혼란은 2월 말의 폭락과 짝을 이루었다.

미국과 유럽 금융 당국의 대응도 차이가 난다. 2007년 2월 말의 폭락 때에는 특별히 눈에 띄는 대응이 없었지만, 2007년 8월의 폭락에서는 미국 FRB에 의한 긴급 금리 인하를 비롯하여 유럽 중앙은행에 의한 거액의 채권 매입에 따른 대량의 자금 공급, 금융기관의 지원 등 이례적인 조치가 잇따랐다.

이와 관련하여 폭락 이후 금융시장이 반발했던 이유도 크게 달랐다. 2월 말의 폭락 때는 이른바 자율 반발을 불렀다. 즉 너무 떨어졌다는 이유만으로 조정 완료라고 해석했기에 그 후 주가는 기세 좋게 상승했다. 한편 8월의 폭락 때에는 구매로 전환하는 재정적, 심리적 여력이 투자자에게 남아 있지 않았다. 재정적으로도 심리적으로도 궁지에 몰린 것이다. 따라서 주가가 상승으로 전환하려면 금융 정책에 의한 시장의 지원, 즉 금리 인하 등 금융기관의 지원에 의존할 수밖에 없었다.

다음으로 이 두 가지 폭락을 현상 측면뿐만 아니라 구조 측면에서도 비교해보자.

우선 두 가지 모두에 공통되는 것은 폭락이 계속되고 대다수 투자자들이 체념하여 투매를 했을 때 반전이 시작되었다는 것이다. 두 번째, 그 반전은 애초에는 어지러운 등락을 하면서 상승하는 것이므로, 일직선의 반전은 아니었다. 그 때문에 단기 반등에 지나지 않는지 혹은 상승세를 회복한 것인지 판단하기 어려운 기간이 있었다. 세 번째, 어지러운 등락을 거친 후에 기세 좋게 상승하는 트렌드를 만들어내고, 더욱이 그 상승은 폭락 전보다도 빠른 속도를 보였다. 이때 시장 관계자들은 건전한 조정이 이뤄진 결과, 반발 매수세가 일어 가격이 오른 것이라고 표현했다.

반면 이 두 번의 폭락 국면에서 나타난 차이점은 폭락 후의 반전으로부터 상승 트렌드가 지속된 기간이다. 즉 폭락 후에 단기의 반발을 거쳐 기세 좋은 상승 트렌드가 지속되는가의 여부, 버블이 진짜로 붕괴하는가의 여부다. 2월의 폭락 때는 상승 트렌드가 지속되고, 8월의 폭락 때에는 그렇지 않았다. 이 점이 가장 큰 차이이다.

이 상승 트렌드가 지속될 것인지 여부를 결정할 열쇠가 되는 것이 앞장에서 서술한 버블 붕괴에 필요한 세 가지 요소 중 세 번째다. 즉 시장 전체의 분위기가 낙관적인지 비관적인지 하는 것이다.

2007년 2월 말의 폭락 때에는 첫 번째와 두 번째 요소가 충족되었다. 즉 누구나 그것을 버블이라고 인식했고, 버블 붕괴의 신호탄이 울렸다고 합의(컨센서스)했다. 그러나 세 번째 요소는 충족시키지 못했다. 즉 모든 투자자들이 장래에 대해 완전히 비관적이지는 않았던 것이다.

그러나 8월의 폭락 때에는 낙관적인 전망을 가진 투자자들은 거의 없었다. 미국 주식시장은 전달인 7월에 정점에 도달했다. 서브프라임 문제는 이미 심각했고, 서브프라임 관련 분야가 위험하다는 것은 누구나 알고 있었다. 그리고 서브프라임 관련 증권시장이 붕괴하면, 미국의 실물경제에도 큰 타격을 줄 것은 분명했다. 또한 2월 말에 비해서 주식시장의 버블은 전 세계적으로 더욱 팽창했다. 패닉이라는 것은 의심할 여지가 없었다.

세 가지 요소를 모두 갖추게 되자 2월 말과 달리 투자자들은 주가가 폭락해도 그것을 구매 기회로 받아들이지 않았다. 투자자들은 아무 움직임이 없었고, 팔려는 투자자들뿐이었다. 이에 따라 결국 버블이 붕괴한 것이다.

이 붕괴 시기에 투자자들의 절망감은 매우 심각했다. 2월 말의 폭락 시기에는 비싸게 산 주식이지만 가지고 있으면 곧 회복되지 않을까 하는 엷은 기대가 있었다(그리고 실제로 일시적으로는 회복했다). 그러나 8월의 폭락에서는 계속 가지고 있어도 매수했을 때의 수준으로는 영원히 회복할 수 없을 거라는 절망감이 투자자들을 지배했다. 이제 끝이다. 대부분의 투자자들이 그렇게 생각했다.

따라서 이 8월의 상황은 매도 작전을 펼 수 있는 최고의 환경이었다. 어쨌건 팔아치우는 게 상책이었다. 크게 떨어지면 사겠다고 생각한 투자자들로서도 매도 작전이 끝나고 모두가 너무 떨어졌다고 생각할 때까지 구매할 필요는 없었다. 기다리면 기다릴수록 싸게 살 수 있는데, 굳이 살 이유는 없었던 것이다.

지금 사는 투자자가 없다는 것은 내일도 살 투자자가 없다는 것을 의미했다. 왜냐하면 내일 살 투자자가 있다면 오늘 산다고 해도 돈을 벌 가능성이 있으므로, 사도 좋을 터이기 때문이다. 내일이 되어도 구매자가 나타나지 않을 거라고 누구나 생각했고, 실제로 그랬다. 다음 다음 날에 갑자기 구매자가 나타난다고는 도저히 생각할 수 없었다.

최종적으로는 일주일 후인 8월 16일에 구매자가 나타나게 된다. 그러나 그것은 매도 작전을 편 투자자들의 되사기에 불과했다. 16일 미국 시장의 주가는 전대미문의 혼란스러운 등락을 거듭했으며, 그에 수반하여 거래량도 이상하게 늘어났다. 이는 매도 작전이 끝난 것을 의미하며, 셀링 클라이맥스라 불리는 폭락의 최종 국면을 보여주는 현상이었다.

그러나 이 클라이맥스에 이르는 과정에서 대다수 투자자들은 재무적, 심리적으로 궁지에 몰렸기 때문에 어쩔 수 없이 급매하거나 더 이상 상황을 참지 못하고 투매했다. 팔 수 있는 것은 거의 팔아치웠다. 역으로 말하면 이미 투매가 나올 만큼 판매가 끝나버렸기 때문에 매도 작전을 편 투자자들은 되사기로 전환한 것이다.

버블 붕괴에서
두 번째 폭락이 정말 위험한 까닭

더욱이 2월 말과 8월이 크게 다른 것은 8월은 두 번째 폭락이었다는 사실이다. 버블의 대부분은 첫 번째 폭락에서는 붕괴하지 않고 두 번째 이후의 폭락에서 붕괴로 이어질 가능성이 높다. 예를 들면 2006년 1월의 라이브도어 쇼크의 경우 1월의 폭락은 붕괴하지 않고 그 후 회복했는데, 같은 해 2월 및 6월에는 크게 폭락하여 6월 무렵에는 전혀 회복하지 못했다.

왜 첫 번째 폭락은 괜찮은데 두 번째 폭락 이후는 위험한 것일까? 그 이유는 재무와 심리, 양면에서 설명할 수 있다.

먼저 재무 면에서 살펴보자. 첫 번째 폭락 국면에서 대부분의 투자자들은 폭락 전의 버블이 평가이익(회계장부에 계상되지 않은 이익. 자산의 과소평가나 부채의 과대 계상에서 생긴다-옮긴이)을 올려놓은 상태라 아직 여유가 있다고 생각한다. 따라서 아직은 고객의 환매 사태가 일어나지 일어나지 않았기 때문에 프로 운용자들은 펀드 해산에 대한 걱정 없이 냉정히 매매할 수 있다. 주가가 너무 싸면 팔 필요는 없고, 오히려 더 사도 좋다. 개인투자자도 평가이익이 있는 동안에는 손해를 보았다는 생각은 하지 않는다. 또한 가격 정점에서 매매 손실을 보았어도 그리 후회하지 않기 때문에 냉정하게 매매를 하고, 구매할 기회를 노릴 가능성도 있다. 따라서 첫 번째 폭락에서는 모든 투자자들이 냉정하여 재무적으로 투매에 쫓기는 일이 없고, 따라서 거의 패닉에 가까운 폭락의 연쇄에 빠지지 않고 끝난다. 재무적인 여유가 심리적 여유를 낳고, 합리적인 행동을 취하게 만드는 것이다.

그러나 두 번째 폭락 혹은 세 번째 이후의 폭락 국면에서는 그렇지 않다. 평가손실(장부에 계상되지 않은 손실. 자산의 과대평가나 부채의 과소계상으로 생긴다-옮긴이)을 낸 펀드는 고객으로부터 해약을 당하며, 그 때문에 운용자는 투매를 할 필요가 생긴다. 따라서 프로 운용자의 대다수는 한푼이라도 이익을 거두며 팔려고 생각한다. 그 결과 어느 정도 하락 트렌드가 지속되면, 그들이 팔려고 나서기 때문에 시장 전체에서 매도가 가속되어 폭락의 연쇄가 일어나게 된다.

심리 면에서도 두 번째 폭락 이후는 불안하다. 한 번 폭락을 거치면 투자자들은 '다음에 진짜 폭락이 온다면?' 하는 불안 속에서 주식을 보유하게 된다. 그리고 한 번 폭락이 일어나면 두려움이 현실이 되었다는 패닉에 빠져 투매를 하게 된다. 즉 첫 번째 폭락에서 센티멘털이 손상당한 결과 다음의 폭락을 견딜 수 없는 심리 상태가 되어버리는 것이다.

2월 말의 폭락 시점에서는 대부분의 투자자들이 재무적으로도 정신적으로도 파멸의 절박감에 빠지지는 않았다. 그러나 8월 폭락 시점에서는 대다수의 개인투자자들이 패닉과 절망에 빠져 투매해버렸다. 그리고 프로 운용자의 경우 무기력한 분위기에서 이미 평가손실을 안고 있는 펀드가 많아졌기 때문에 재무적인 파산 리스크가 그들을 엄습하여 투매를 하지 않을 수 없다.

두 번째 폭락에서는 시장이 견디지 못하는 경우가 많지만, 때에 따라서는 참고 견딘 끝에 부활하는 경우도 있다.

서브프라임 쇼크 후에도 2007년 2월 말에 이은 8월의 두 번째 폭락으로부터 시장은 기적적으로 회복된 것처럼 보였다. 8월의 쇼크는 분명히 버블 붕괴로 시장은 두 번 다시 회복될 수 없을 것처럼 생각되었다. 투자자들은 완전히 패닉 상태가 되었고, 수많은 펀드가 해산되었다. 그러나 그럼에도 불구하고 2개월 후인 10월에 주식시장은 부활했다. 미국 시장의 다우존스 평균 주가가 사상 최고치를 갱신한 것이다.

버블 붕괴 국면이 몇 번째의 폭락에서 끝날 것인가? 그것은 복서가 몇 번째의 펀치에 다운될 것인지와 같은 어려운 질문이다. 그러나 어쨌든 서브프라임 쇼크의 경우 2월 말에 이은 8월 말의 '두 번째'에서는 세계적인 주식 버블 시장을 다운시킬 수 없었다. 채권시장은 완전히 녹아웃되었지만 주식시장은 다른 논리로 다시 회복되었다. 그 논리란 미국의 기업 수익 대부분이 신흥국 경제의 성장으로부터 나온 것이기 때문에, 미국 경제가 붕괴되어도 미국 기업은 망하지 않는다는 것이었다. 거기에다 FRB가 대폭적인 금리 인하를 하면서 주식시장은 버티고 있었다. 오히려 저가에 사들일 기회라고 말하는 주식 평론가도 많았다.

10월 1일에 최고치를 갱신한 후 미국 시장은 어지러운 등락을 계속했다. 그리고 19일에 걸쳐 하락했고, 무너질 것처럼 보이면서도 그로부터 벗어나 31일까지 상승 국면이 된다. 11월에 들어서자 대폭 하락하면서 마침내 미국 시장도 무너지는 것처럼 보였다. 그러나 11월 중반 무렵에는 기적의 부활을 이루었다.

마침내 끝이 왔다. 12월 말, 크리스마스가 지나기를 기다린 것처럼 미국 시장은 한순간에 폭락하기 시작하더니 하락세가 멈추지 않았다. 그리고 2008년 3월에 공포의 정점을 맞이했다.

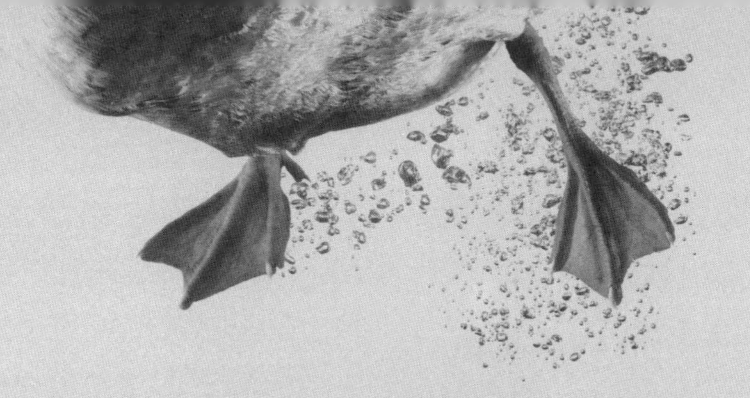

패닉보다 두려운 조용한 폭락의 공포

버블 붕괴에서 공포의 정점은 최후의 최후에 찾아온다.

버블 붕괴는 갑자기 오지 않는다. 누구나 버블은 붕괴했다, 이제 끝이다 하고 생각한 그 직후에 찾아온다. 두 번째 이후의 폭락에서는 누구의 눈에도 회복할 전망이 없어 보인다. 누구도 이때가 구매 기회라고는 생각하지 않는다. 대폭 하락 후의 반발 국면과 달리 이번에야말로 구매자가 전혀 없다. 매도자로서도 여유를 부릴 때가 아니다. 손해 보고 팔 생각은 없다고 튕기거나 조금만 기다리면 회복될 거라고 생각할 여지가 없다. 파산을 피하기 위해서, 청산을 피하기 위해서 혹은 청산을 위해서 모든 자산을 투매한다. 갈피를 못 잡는 것이 아니라, 선택의 여지가 없다. 단지 팔 뿐이다. 이미 그곳에 투자자의 의사는 존재하지 않는다. 시장에서는 매도가 쇄도하기보다는 담담히 끊일 새 없이 매도가 흘러들며, 조용히 그리고 대량으로 매도가 넘쳐난다. 그곳에 구매는 없다. 시세는 자유낙하하고, 바닥없는 연못이 만들어진다. 2008년 3월이 바로 그랬다.

조용해진
폭락의 공포

서브프라임 쇼크를 발단으로 세계 금융시장 버블이 붕괴했다. 프로 중의 프로만이 투자하는 증권화 상품은 거의 모두 휴지 조각이나 다를 바 없이 폭락했다. 어떤 투자은행은 액면가 1달러의 트리플 A 증권화 상품을 2센트에 팔기 위해서 기를 쓰고 구매자를 찾아다녔다.

투자은행 간부, 펀드 간부, 전 관료가 모인 자리에서 어떤 사람이 이런 농담을 했다. "지금 투자은행이 가지고 있는 것을 아무도 사려 들지 않는다. 팔리는 것은 사무실에 있는 가구뿐이다." 이 농담을 듣고 웃는 사람은 아무도 없었다. 그게 진실이었으니까.

투자은행 직원이 액면가 1달러의 트리플 A 증권화 상품이 2센트에도 팔리지 않는다고 호소를 했더니 대답 대신 이런 농담이 돌아왔다. "2센트? 그거라면 내 호주머니 돈으로 살 수 있겠군요." 그런데 이 농담이 진담으로 받아들여져 정말로 거래가 성사됐다.

물론 붕괴의 전조는 오래전부터 있었다.

공포의 정점은 우선 크리스마스에 찾아왔다.

2007년 8월의 서브프라임 쇼크는 일시적인 것이 아니었다. 미국 주식시장은 9월에 들어서도 혼란의 한가운데 있었다. 서브프라임 관련 증권 혹은 유사 증권화 상품의 시장을 중심으로 하는 채권시장은 파멸 상태에 있었지만, 주식시장은 담담히 조망하면서 어지럽게 등락을 거듭하고 있었다.

그런데 10월에 들어서자, 미국 다우존스 평균 주가가 의외의 움직임을 보였다. 종가 기준으로는 9일에 14,165달러를, 거래 시간 중에는 11일에 14,198달러를 기록함으로써 사상 최고치를 갱신한 것이다. 세계 금융 공포의 갈림길이라는 8월의 분위기와는 180도 달라졌다.

그 후 11월에는 다시 폭락했지만, 12월에 들어서자 다시 원상회복했다. 1개월 단위로 비관과 낙관이 시장을 뒤흔들었다.

낙관과 비관이 뒤흔들어놓은 시장 상황은 매우 위험하다. 낙관이라도 그것은 매우 위태로운 낙관으로, 투자자들은 장래 예측에 대한 기대나 소망에 부들부들 떨면서 매달려 있는 꼴이었다. 정말로 꿈에서 깨어나는 것이 겁나서, 눈을 꾹 감고 있는 것 같은 상황이었다.

12월은 낙관의 순서였다. 금융기관의 11월 결산 발표와 함께 악재가 소진되고 시장 전체가 상승 기조로 돌아서지 않을까 하는 낙관적인 인식이 확산되었다. '올해의 크리스마스 경기는 호조?'라는 투의, 전망이라기보다는 엷은 기대가 담긴 예측이 보도되는 등 투자자뿐만 아니라

미디어까지도 뭔가 자신감을 되찾기 위해 필사적으로 재료를 찾아 헤맸다.

12월 전반에는 다우존스 평균 주가가 10월에 이은 사상 최고치인 14,000달러 대를 다시 엿보는 상황이 펼쳐졌다. 그 후 잠시 하락했지만, 크리스마스 시즌에 접어들면서 다시 한 번 회복세를 탔고 크리스마스 직전인 21일 금요일에는 미국 증권회사 메릴린치가 싱가포르의 정부계 펀드로부터 출자를 받기 위해 협상 중이라는 보도가 나와 지수는 205달러나 상승했다.

다음 거래일인 24일 월요일, 크리스마스이브에는 주가지수가 98달러 높은 13,549달러를 기록했다. 이날 싱가포르 정부계 펀드의 메릴린치 출자가 공식적으로 발표되자 금융주가 전반적으로 상승했다. 메릴린치 말고도 시티그룹은 아부다비, 모건스탠리는 중국, 스위스의 UBS는 싱가포르 등 유럽 금융기관에 대한 아시아 각국의 정부계 펀드의 출자가 잇따르면서 산타클로스가 찾아왔다는 보도도 나왔다. 일시적으로 시장은 따뜻한 분위기에 휩싸였다.

그러나 축제는 그것으로 끝났다. 27일부터는 노도와 같은 '추락 시리즈'가 줄을 이었다. 정부계 펀드의 출자 효과는 크리스마스 기간 중에만 지속되었을 뿐이다. 정말 찰나적인 크리스마스 선물에 지나지 않았던 것이다.

소문으로 움직이는 **공포 시장**

2007년 12월 27일은 파키스탄의 부토 전 총리가 암살되고 원유 가격이 급등하여, 시장 분위기가 급속도로 나빠졌다. 미국 대형 금융기관의 서브프라임 관련 손실이 확대된다는 보고서까지 나와, 그동안 급등했던 금융주가 폭락했다.

27일 하루에만 다우존스는 192달러나 하락했다. 31일에는 101달러 하락, 2008년 첫 거래일인 1월 2일에는 221달러 하락했다. 그 후 거래일인 4일에는 257달러 하락, 또한 1거래일을 끼고서 8일에는 238달러 하락, 그 후 2일째인 11일에는 247달러 하락한 12,606달러가 된다. 12월 27일부터 하락 폭은 총 945달러로 한 달 전에 비해 1,121달러 폭락하여 10퍼센트 가까이 떨어진 것이다.

1월 8일의 하락은 모노라인 금융회사인 암박 파이낸셜과 MBIA의 수익이 낮게 예측된 데다 최대의 주택 담보 대출 기업인 컨트리와이드가 파산 신청한다는 소문이 퍼졌기 때문이다. 이들 기업의 주가는 각각 16퍼센트, 20퍼센트, 28퍼센트씩 폭락했다.

그러나 10일에는 컨트리와이드를 미국 금융기관 뱅크오브아메리카(BOA)가 인수한다는 보도가 나오면서 다우존스 평균이 일시적으로 195달러 상승했고, 컨트리와이드는 전일대비 51퍼센트나 폭등했다. 가히 미친 듯이 오른 셈이다. 게다가 이날 저명한 투자자인 워렌 버핏이 모노라인에 대한 출자를 검토 중이라는 보도가 흘러나와 상승 분위기에 힘을 보탰다.

이렇게 소문이나 보도로 어지럽게 등락을 거듭하는 시장 상황이야말로 가장 위험하다. 좋은 소식에 올랐다가도 언제든 패닉 상태에 빠질 수 있기 때문이다.

물론 당시 상황은 공포 시장의 전조에 지나지 않았다. 15일부터는 5거래일 연속 하락하여, 합계 807달러 떨어졌으며, 다우존스 평균 주가 12,000달러 대를 하향 돌파하여 11,971달러가 됐다. 금융 불안이 재연된 데다 실물경제에까지 영향을 끼치기 시작했기 때문이다.

15일에는 미국 최대 은행인 시티그룹의 추가손실 회계와 미국 소매 매출액의 감소라는 금융 불안-경기 불안의 더블 펀치 뉴스로 다우존스가 277달러 하락했다. 또한 하이테크의 중심 기업인 인텔도 매출 전망치가 저조해서 거래 시간 외에 15퍼센트 급락하는 상황이 펼쳐져 시장 전체에 악영향을 끼쳤다.

17일에도 메릴린치가 거액의 손실을 발표하여 금융 관련 종목들이

2007년 12월 19일~2008년 3월 25일 주가 차트

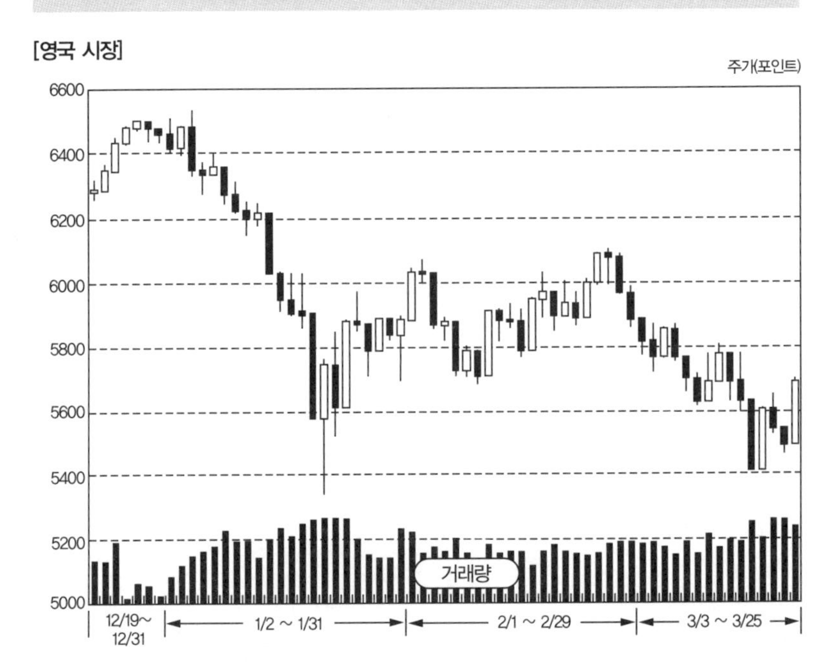

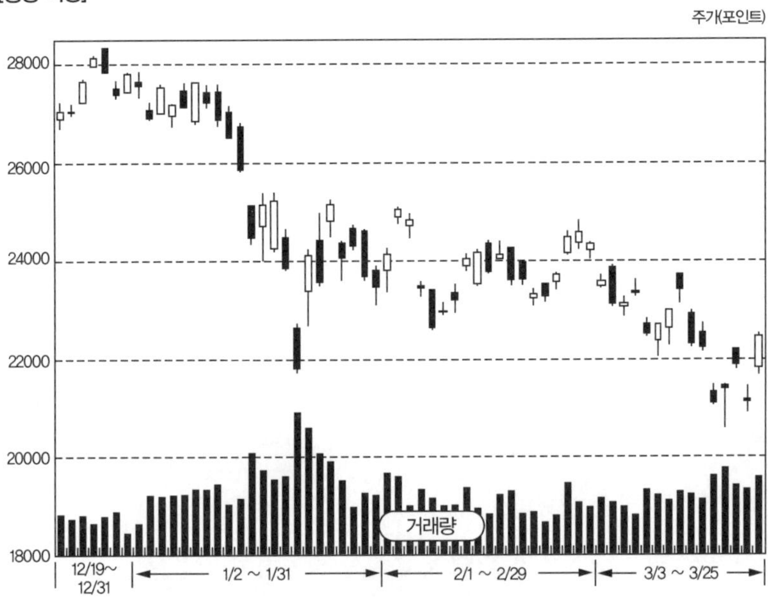

[미국 시장]

주가(US $)

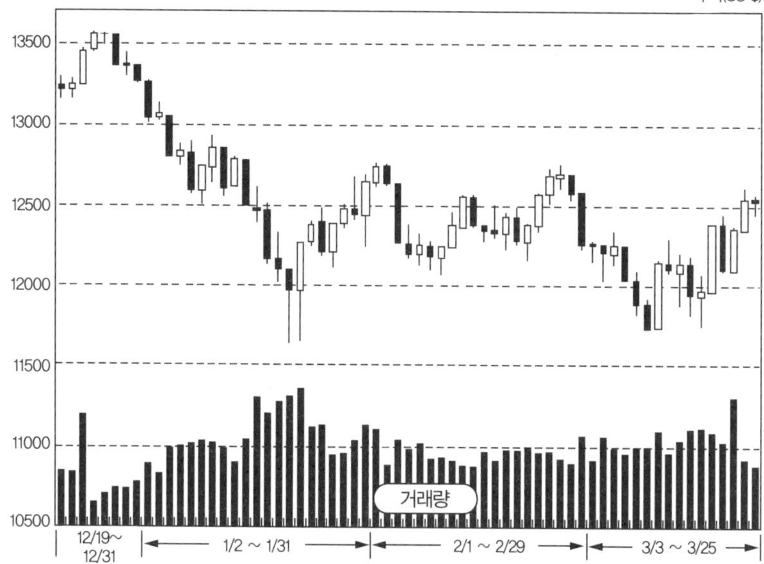
13500
13000
12500
12000
11500
11000
10500
거래량
12/19~ 12/31
1/2 ~ 1/31
2/1 ~ 2/29
3/3 ~ 3/25

[일본 시장]

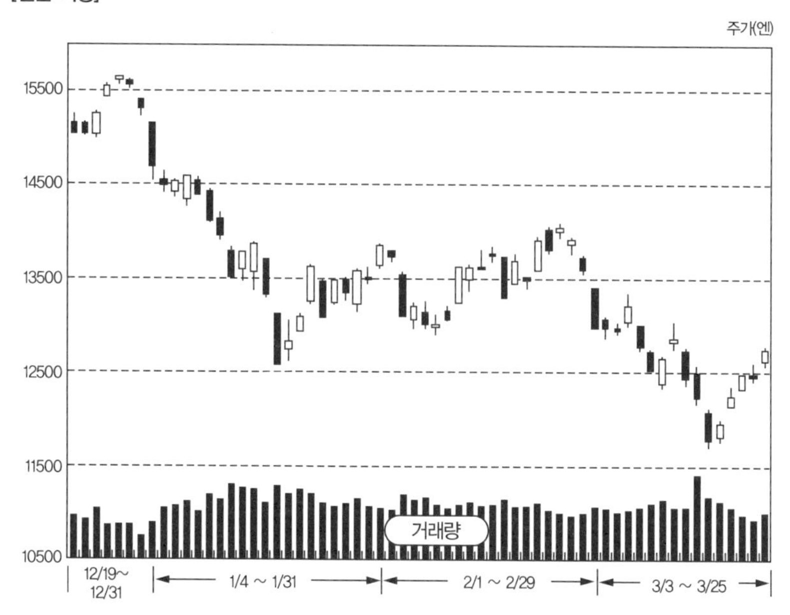
주가(엔)
15500
14500
13500
12500
11500
10500
거래량
12/19~ 12/31
1/4 ~ 1/31
2/1 ~ 2/29
3/3 ~ 3/25

10퍼센트 폭락했다. 한편 실물경제를 예측할 수 있는 필라델피아 제조업 지수는 예상보다 대폭 하락했다. 이렇게 금융, 실물경제 양면에서 타격을 받아 패닉 투매 현상이 일어났다. 다우존스는 307달러 하락했다.

18일에 부시 대통령은 개인 소득세를 환급하는 환급세 정책을 발표했다. 그러나 시장은 반응하지 않았다. 반등을 기대하던 투자자들이 실망 매물을 쏟아내면서 이날도 다우존스는 60달러 하락한 것으로 끝났다.

세계 동시 폭락 연쇄

1월 21일 월요일, 미국 시장은 축일이라 개장하지 않았다. 이날 세계 주가는 정말 미친 듯이 하락했다. 중국의 국영 상업은행인 중국은행이 서브프라임 론 관련으로 거액 손실을 안게 되었다는 홍콩 영자신문의 보도 때문이었다.

이날의 주식시장은 일본이나 유럽의 모두 투자자들이 패닉에 휩쓸릴 만큼 폭락했다. 뭔가 특별한 뉴스 때문에 폭락한 것이 아니라 모두가 가장 두려워하던 서브프라임 부실과 그를 뒷받침하던 모노라인의 경영 불안이 원인으로 언급되었다. 모노라인 파산은 세계 채권시장 전체를 붕괴시킬 수 있고, 당연히 패닉에 빠질 거라는 식으로 이 폭락은 해석되었다.

얄궂게도 정작 서브프라임의 '원흉'인 미국 시장은 휴장이었고, 미국 이외의 시장이 대폭락의 날벼락을 맞았다. 특히 유럽의 하락은 심각해서, 독일 주식시장의 지표인 DAX30은 7.2퍼센트나 하락했다. DAX30은 15일부터 연속 하락하여, 21일까지 총 12.5퍼센트 하락, 그 후에도 폭락이 이어져 15일부터 23일까지 16.7퍼센트 하락했다.

특히 21일의 폭락은 무시무시했다. 분명한 패닉이었다. 모노라인의 경영이 불안하다고 해도 구체적인 뉴스가 있었던 것은 아니었다. 명확한 이유가 없는데도 투자자들은 이만큼 하락했다면 틀림없이 모노라인 탓일 거라고 해석했다. 확실한 이유가 없었을 뿐, 세계의 금융시장은 불안이라는 말도 꺼낼 수 없는 공포에 휩싸였다. 21일 휴장했던 미국 시장이 아시아와 유럽의 이틀 연속 대폭락의 영향을 받아 22일에 얼마나 떨어질 것인가? 전 세계 투자자들은 전율할 수밖에 없었다.

22일의 아시아와 유럽 시장의 폭락에 영향을 받아서 (시차 관계로 그들보다 늦게 개장한) 22일의 미국 시장이 폭락하고, 그 폭락이 다시 23일의 아시아와 유럽 시장의 폭락을 야기할 것이라는 폭락의 연쇄 시나리에 모든 투자자들이 사로잡혔다.

폭락을 두려워한 까닭에 그 공포는 자기 실현되었다. 즉 아시아와 유럽에서 투자자들은 폭락의 연쇄에 벌벌 떨며, 실제로 투매 분위기에 휩싸였기 때문에 23일 시장도 폭락했다. 정말로 세계 동시 폭락의 연쇄였지만, 어디까지가 상황을 반영한 것이고 어디부터가 과잉 반응인지 분간할 수 없었다. 확실한 것은 세계 주식시장이 연쇄적으로 폭락을 거듭하여 반전의 계기 따위는 기대해볼 수 없게 됐다는 사실이었다.

일본 시장도 당연하다는 듯 폭락을 지속했다. 닛케이 평균 주가가 21

일에는 535엔, 22일에는 753엔 등 총합 1,288엔 하락하여 12,573엔으로 끝났다. 그러나 폭락은 여기에서 멈추지 않았다. 오사카 증권거래소에서 오후 7시까지 이뤄진 닛케이 평균선물의 야간 시장에서는 종가에서 추가로 440엔이 하락해 일시적으로 12,130엔까지 떨어지기도 했다.

이때 뉴욕의 미국 시장은 개장 전이었는데, 시카고의 선물거래에서 다우존스 평균 주가 선물이 600달러의 폭락을 보였다. 22일에 다우존스가 실제로 600달러 하락했을 때, 그 영향을 받아서 닛케이 평균 주가는 23일에 12,130엔에서 1,000엔 이상 더 떨어진다는 시나리오까지 있었다. 결국 11,000엔을 하향 돌파할지도 모른다는 것이었다. 다른 한편 다우존스 평균 주가가 600달러 폭락했기 때문에 닛케이 평균도 하락할 것이라는 전망을 반영하여, 오사카 증권거래소 선물이 440엔 하락하여 12,130엔이 되리라는 해석도 있었다. 어느 쪽이 맞는지 아무도 짐작하지 못했고, 어림짐작을 하는 것도 두려웠다. 세계 투자자들은 미국 시각으로 22일 아침을 공포로 얼어붙은 채 기다렸다.

이유 없는 폭등은
이유 있는 폭락보다 불길하다

모든 투자자들이 마른침을 삼키며 미국 시장의 거래 개시를 기다릴 즈음, 예기치 않은 일이 벌어졌다. 미 연방준비제도이사회(FRB)가 0.75퍼센트 긴급 금리 인하를 발표한 것이다. 휴일인 21일 저녁에 화상 회의가 열렸고, 출석하지 않은 이사나 반대한 이사가 있었음에도 불구하고 대폭 인하가 결정되었다. 0.75퍼센트라는 인하 폭은 1990년대 이후 최대이며 29일에 정례회의가 예정된 상태에서 이를 앞당겨 금리를 인하하기로 결정한 것은 극히 이례적인 일이었다. FRB의 버냉키 의장은 미국 시장이 22일에 대폭락하면 그것이 세계로 확산되어 다시 아시아와 유럽이 폭락하는 등 세계 폭락의 도미노를 우려했다. 29일에 열릴 정례회의까지 기다리다간 세계 금융 공황이 현실화되어 너무 늦을지 모른다. 그런 사태를 어떻게든 피해보려 한 것이다. 당시 FRB의 위기감은 전례가 없을 만큼 고조돼 있었다. 전후 최대의 위기라는 소리가 나올 정도였다.

사람들은 FRB의 긴급 금리 인하로 미국 시장이 대폭 반등할 것으로 기대했다. 기대는 무참히 깨졌다.

개장과 동시에 하락하더니 무려 464달러나 폭락했다. 폭락의 원인은 그전 이틀간 유럽과 아시아에서 큰 손실을 본 헤지펀드가 궁지에 몰린 결과 현금 확보나 포트폴리오 조정을 위해서 기계적으로 투매했기 때문이라고 분석되었다. 세계의 투자자, 펀드는 붕괴 직전이었던 것이다. 미국 시장은 그 후 서서히 금리 인하를 반영하여 마이너스 폭을 크게 줄였지만, 플러스로는 반전되지 못했다. 종가는 결국 128달러 하락했고, 공포는 아직 가시지 않았다.

다음 날인 23일은 미국의 긴급 금리 인하의 영향을 받아서 상승할 법도 했다. 그러나 일본에서는 닛케이 평균이 일시적으로 하락하는 등 어지럽게 등락을 거듭했다. 종가는 256엔 상승했지만, 이틀간 1,288엔 하락한 것에 비하면 반발이라 부를 수도 없었다. 유럽에서는 하락 추세가 더 강했다.

긴급 금리 인하로도 안 된다면, 어떻게 해야 할까? 세계는 절망감에 휩싸였다. 미국의 23일 시장은 이 흐름을 반영하여 일시적으로 다우존스가 264달러나 하락했다. 세계의 주식시장은 마침내 진짜 대공황을 맞이한 것처럼 보였다.

희망은 절망의 심연에 잠재되어 있었다. 미국 시각으로 23일 오후 뉴욕 주의 정부보험국이 모노라인의 구제책을 검토하고 있다는 소식이 전해지자 다우존스는 수직 상승, 그날 최저가로부터 625달러 상승하여 전일대비 299달러 상승한 것으로 끝났다. 미국이 회복하면 세계도 회복한다. 미국의 급등 영향을 받아 일본과 유럽의 24일 시장은 대폭 상승했다.

게다가 21일과 22일의 이유가 없는 것처럼 보였던 폭락 장세에는 특정 요인이 있었던 것으로 판명되었다. 그 요인은 프랑스 금융기관, 소시에테 제네랄(프랑스의 제2은행으로, 유럽에서 여섯 번째로 큰 은행-옮긴이)의 한 트레이더에 의한 부정 거래였다. 그의 부정 거래로 인한 손실을 메우기 위한 판매가 폭락을 부른 것이다. 그리고 폭락에 반응한 투자자가 투매하고, 공포감에 지배된 시장 상황에서 투매가 투매를 불러 패닉 투매로 발전한 것이었다. 그 결과 세계는 금융 공황의 심연에 빠졌으며, FRB는 0.75퍼센트의 긴급 금리 인하를 서둘러 발표했다. 한 명의 트레이더에 세계가 휘둘렸다는 사실에 금융시장은 경악했다. 그러나 어쨌든 폭락의 원인이 판명됨에 따라 시장은 패닉 상태로부터 회복했다.

이유가 없는 폭락이야말로 가장 두렵다. 아무리 이유가 될 수 없어 보여도, 이유가 있는 쪽이 없는 것보다는 좋다.

하지만 시간이 흐르자 이때의 혼란도 일시적인 것이었음이 드러났다. 금융 공황은 종지부를 찍지 못하고, 그 후에도 시장은 어지럽게 등락을 거듭했다. 누구나 최악의 위기는 지나갔다고 막 안도의 한숨을 내쉬던 참이었는데 말이다.

헤지펀드의 작전이
가장 잘 먹혀드는 시기

1월 30일 오후 2시 FOMC(연방공개시장위원회, FRB의 금융정책결정회의)에서 FRB는 22일의 긴급 금리 인하에 이어서 0.5퍼센트의 추가 금리 인하를 발표했다. 일주일 사이에 총 1.25퍼센트의 금리 인하를 단행한다는 이례적인 조치였다. 그날 오전에는 2007년 4/4분기 미국 국내총생산(GDP) 성장률이 대폭 감소했다는 보도가 나왔다. 또한 모노라인에 대한 신용등급이 하향되었다는 사실이 발표되어 미국 주식시장은 개장 초부터 대폭 하락했다. 금리 인하 발표 직후에는 대폭 상승했지만, 1시간밖에 견디지 못하고, 즉시 하락으로 전환하여 금리 인하 발표 직후의 정점에서 거래 종료 시까지 239달러 하락하여 전일대비 37달러 하락으로 끝났다.

그러나 다음 날인 31일, 뉴욕 주 당국이 모노라인의 구제에 관하여 금융기관과 협의에 들어갔다는 뉴스가 전해지면서, 전일대비 208달러 오르면서 장을 마감했다. 하지만 1거래일을 끼고서, 다음 주 2월 4일 월요일에는 다시 108달러 하락, 5일에는 370달러 하락했다.

어지러운 등락은 공포 장세의 전형적인 증상 가운데 하나다. 특히 하루 중에 가격 변동이나 종장 무렵 가격 등락이 컸던 것은 펀더멘털과 무관하게 시장이 움직였다는 것을 뜻한다. 언뜻 보면 펀더멘털의 변화에 맞춰 투자자들이 매매하고, 그 결과 주가가 하락하는 것 같다. 하지만 투자자들은 공포감이라는 필터를 통해서 펀더멘털을 바라보고 해석한다. 시장을 움켜쥔 것은 펀더멘털이 아니라 공포감이다.

헤지펀드나 유력 투자기관이 공포감을 이용하여 펼친 작전은 폭등, 폭락의 움직임을 더 거세게 만들었다. 공포 장세를 해석할 때는 이처럼 작전 여부도 주의 깊게 고려해야 한다.

작전의 기본 얼개는 비교적 단순하다. 작전세력이 대량의 매물을 쏟아 부어 공포를 절망으로 몰아가면, 심리적으로 타격을 받은 투자자들이 투매에 나선다. 동시에 기계적인 포트폴리오 매니지먼트를 하고 있는 기관투자가 등은 프로그램 매물을 쏟아내게 된다. 이렇게 매물이 쏟아지면 폭락에 폭락을 거듭하는 장세가 연출된다.

넋이 나간 투자자들의 투매가 완전히 끝날 무렵 작전세력은 다음 단계로 넘어간다. 폭락의 최초 국면에서 팔았던 물량을 최초 국면보다 훨씬 더 떨어진 바닥 가격으로 되사는 것이다. 작전세력이 폭락의 다음 단계인 상승 작전에 돌입하면, 투매로 손실을 본 투자자는 더욱더 동요한다.

폭락하는 것을 보고 자포자기해서 투매를 했는데, 그 직후에 급반전이 일어나면 후회와 자기혐오로 미칠 지경이 된다.

'내가 도대체 왜 그랬지? 조금만 더 쥐고 있었으면 좋았잖아!'

그러나 미칠 것 같은 것은 아직도 에너지가 남아 있다는 얘기다(작전세력은 바로 그 에너지를 노린다). 그들은 마지막 힘을 쥐어짜서 반짝 상승세의 물결에 뛰어들어 되사기에 나선다. 투매로 잃어버린 자산과 프라이드를 되찾고 후회감을 지우려고 말이다. 이처럼 민첩하게 되사기에 나서서 바닥 가격으로 되산 부류들은 손실과 프라이드를 다소 회복할지도 모른다.

하지만 의욕 상실과 동시에 "이러다 손해가 더 커지면……" 하는 공포에 떠는 또 다른 투자자들은 주가가 바닥을 치고 상승 국면이 시작돼도 바로 올라타지 않는다. 그들은 급상승을 아연실색해서 바라만 보다가 상승세가 오래간다 싶을 때 정신을 차리고 마지막 힘을 쥐어짜내 되사기를 한다. 처음의 후회에 급반전할 때 즉시 사지 않았다는 후회가 더해져, 이중의 고통을 짊어지면서 초조하게 되사기를 하는 것이다. 이것이 바로 3중고를 짊어지게 되는 과정이다.

상승 국면은 바로 이 시점에 끝나버린다.

매도 작전을 펴서 이익을 내고, 그다음으로 급반전의 구매 작전을 펼친 헤지펀드는 막판에 투자자들이 다시 사러 돌아왔을 때, 두 번째의 이익 확보를 노리며 한순간에 다시 팔자에 나서고 자금을 회수한다. 손실을 만회하기 위해 마지막 힘을 쥐어짜서 매수에 나섰던 투자자들은 남 좋은 일만 한 셈이다. 이제는 돈만 잃은 게 아니라 정신적으로도 파산에 몰린 투자자가 속출한다. 이것이 버블 붕괴에서 나타나는 투자자의 전형적인 비극이다.

2008년 1월, 일본 시장은 미국 시장 이상으로 하락했다. 1월의 폭락 국면에서 일본의 주식시장은 항상 미국 주식시장의 움직임에 휘둘렸다. 다우존스 평균 주가가 떨어지면 닛케이 평균 주가도 떨어졌다. 그런데 다우존스가 떨어졌을 때는 닛케이 평균이 다우존스 하락 폭보다 훨씬 크게 폭락하고, 다우존스가 반전하여 대폭 상승했을 때에는 조금밖에 오르지 않았다. 미국 시장 이상으로 일본 시장은 혼쭐이 났던 것이다.

이것은 일본 시장이 쉽게 동요하기 때문이다. 실제 일본만큼 작전에 약하고, 외국인 투자 동향에 좌우되는 시장도 없다. 1월의 폭락 국면에서는 다른 어느 시장보다도 요동치는 정도가 격렬했고 또한 그 요동치는 방식도 훨씬 단순하고 난폭했다.

일본 시장에서는 닛케이 평균 주가가 12,000엔 대까지 하락하여, 1980년대 말 버블기의 닛케이 평균 38,000엔은커녕 반년 전인 2007년 6월의 18,300엔조차 먼 옛날의 꿈처럼 생각되었다.

이렇게 비관이 절망으로 바뀔 때가 작전을 펼칠 기회다. 1월 22일을 바닥으로 반발하여 최대의 위기는 지난 것처럼 보였는데도, 주가는 어지럽게 등락을 반복했다. 25일에 닛케이 평균은 536엔 상승했지만, 다름 거래일인 28일에는 541엔 하락했고 다음 날에는 391엔 상승했다. 그 후에도 연일 어지러운 등락을 거듭하며 2월 1일에는 닛케이 평균 13,497엔으로 장을 마감했다.

다음 주인 2월 4일 월요일에는 모노라인의 구제 전망이 나오면서 363엔이나 상승했다. 이 무렵에는 미국 시장이 폐장한 야간에 미국 시장에 관한 다양한 보도나 억측이 난무하면서 미국 이외의 시장, 특히 일본 시장의 주가가 어지럽게 등락을 거듭했다. 흡사 미국의 금융 불안이 일본 시장의 주가에 직접 반영되는 것 같았다. 당시 미국 FRB의 버냉키 의장이 일본 시장을 잠도 못 이루면서 감시한다는 소문이 나돌았는데, 그렇다면 버냉키는 도대체 몇 주 동안이나 잠 한숨 못 자고 버틴 것일까?

닛케이 평균은 2월 25일에는 114엔 하락, 6일에는 646엔 하락하여 다시금 위험한 폭락 국면이 조성되었다. 미국 실물경제의 수치가 나쁘게 나오자 투자자들이 다시 절망적인 분위기에 휩싸였던 것이다. 하지만 일본의 GDP가 예상외로 좋게 나오자 558엔 대폭 상승했다. 이 GDP 뉴스 이후, 일본 시장에서는 한동안 큰 폭의 움직임이 없어져 안정된 것처럼 보였다. 이 무렵 미국 경제와 세계 경제의 움직임이 반드시 연동하는 것은 아니라는 디커플링론(탈동조화 현상-옮긴이)이 거론되었으며, 일본 시장 역시 미국 시장과 연동하지 않게 된 것은 아닌가 하는 분위기가 살며시 감돌기도 했다. 그러나 그러한 안도감이 지속된 것도 겨우 2, 3일이었다.

2월 20일에는 미국의 투자 펀드 KKR의 자금조달 악화 보도로 닛케이 평균 주가가 448엔이나 하락했다. 허를 찔린 하락이었지만, 미국의 명문 펀드까지 위기에 놓였다는 것은 억측만으로도 충격적인 일이었다. 세계적인 금융 위축이 아직도 격렬하게 일어나고 있다는 불안감이 근거 없는 낙관 분위기를 한순간에 날려버렸다.

사람들은 이날(2008년 2월 20일) 미국 시장이 어디까지 떨어질지 몰라 불안에 떨었다. 하지만 막상 개장을 해보니, 일시적으로 떨어졌다가 상승세로 끝났다. 이것에 탄력을 받았는지 서브프라임 론 문제가 곧 해결될 거라는 낙관론이 부상했다. 의도적으로 흘린 소문인지 어떤지는 알 수 없지만, 어쨌든 21일의 닛케이 평균은 378엔 오르면서 전일의 하락 폭을 거의 회복했다.

다음 날인 22일에는 미국의 경기후퇴 우려가 다시 부상하면서 188엔 하락하고, 다음 거래일인 25일 월요일에는 414엔 상승하여 대폭 반등했다. 미국 모노라인의 구제책에 대한 기대가 높아진 것 아니냐는 관측이 나왔는데, 사실은 닛케이 평균 선물의 되사기에 불과했음이 밝혀졌다.

일본 시장이 이처럼 미국에 대한 소문으로 요동칠 때, 정작 미국 시장은 소문이 아니라 사실을 확인한 뒤에 움직였다. 소문을 이용했는지 어떤지는 알 수 없지만 결과적으로 일본 시장의 광적인 폭등락을 이용하여 헤지펀드가 이익을 올렸을 수 있다. 서브프라임에 손을 댔다가 손실을 본 헤지펀드가 작전에 취약한 일본 시장에서 어지러운 등락을 만들어서, 꾸준히 손실분을 되찾고 있다는 소문까지 돌 정도였다.

하루살이의 **전성시대**

그러나 2008년 2월의 가격 등락도 월말인 28일부터 시작된 하락에 비하면 비교적 온건한 것이었다. 미국 모노라인에 관한 소문이나 보도로 일본 시장이 요동치는 구도는 바뀌지 않았고 오히려 충격이 증폭되었다.

28일 닛케이 평균은 106엔 하락, 29일에는 322엔 하락했다. 다음 거래일인 3월 3일 월요일은 미국 시장의 대폭 하락, 급격한 엔화 상승으로 611엔이나 하락했다. 이때 엔은 1달러에 103엔 대가 되어, 2월 26일의 1달러 108엔 대로부터 한순간에 5엔이나 높아졌다.

6일은 어쩐 일인지 닛케이 평균 주가가 대폭 상승했지만, 일시적이었다. 그날 밤, 미국 시장은 미국의 명문 펀드 칼라일이 채무 불이행에 처한 데다 주택 담보 대출회사에 관한 불길한 뉴스까지 겹쳐, 다우존스 평균 주가가 215달러 하락했다.

이 영향으로 3월 7일 금요일에는 닛케이 평균 주가가 433엔 하락, 엔은 1달러 101엔 대로 높아졌다.

이날 밤 미국 시장에서는 FRB가 유동자금 공급 확대를 단행한다는 뉴스가 나와서 일시적으로 상승했다. 그러나 미국 고용 통계수치가 나쁘게 나오면서 미국의 실물경제가 악화되고 있다는 것이 분명해졌다. 종가는 147달러 하락, 다우존스 평균 주가는 결국 12,000달러 대를 하향 돌파했다.

다음 주 10일 월요일의 일본 시장은 7일 미국 시장의 영향을 받아서 당연히 하락했다. 닛케이 평균 주가는 251엔 하락한 12,532엔으로 2년 반 만에 최저치를 갱신했다. 아시아 각국의 주식시장도 모두 하락했다. 10일 미국의 다우존스 평균 주가는 더 떨어져서 154달러 하락하며, 4일 연속 하락을 기록했다. 4일간 합계 515달러나 하락했다.

11일의 일본 시장은 공포의 극치였다. 미국 시장 폭락의 영향으로 당연히 닛케이 평균 주가는 연속 하락하여 일시적으로 180엔 하락한 12,352엔을 기록했다. 12,000엔 대마저 무너질 상황이었다.

일본의 금융기관은 유럽의 금융기관에 비해 서브프라임에 따른 피해가 덜했지만 일본 시장이 세계에서도 가장 많이 하락한 것은 분명히 이상한 일이었다. 일본 시장은 실물경제이므로, 미국 시장만큼 나쁘지 않다는 것은 누구나 알 수 있었다. 그리고 대다수 투자자들이 너무나 비관적이 된 것이야말로 슬슬 비관의 극한에 도달해가는 것의 표현일지도 몰랐다. 비관론을 너무 많이 들어서, 비관하는 것에 질린 투자자들도 늘어났다. 비관적인 뉴스는 너무 당연하여 누구도 반응하지 않게 되었다.

'뭔가 계기가 있다면 올라가지 않을까?'

나는 개인적으로 그렇게 생각하고 있었다.

과연 11일의 일본 시장은 오전 10시가 지나면서부터 어쩐 일인지 급속히 반전할 기세를 보였다. 그리고 10시 반부터는 한순간에 상승하여 전일대비 180엔 하락에서 전일대비 플러스로 전환할 기세가 되어, 오후에 들어서자 더욱 상승했다. 그리고 그날의 최저치에서는 306엔, 전일대비로는 126엔 오른 12,658엔으로 끝났다. 이날 플러스가 되리라 예상했던 분석가나 이코노미스트는 거의 없었다.

투자자들로서는 당연히 기뻐해야 할 일이었지만, 명확한 이유가 전혀 없었던지라 기뻐해도 좋은 것인지 몰라 당혹해했다.

일본 시간으로 11일 밤, 미국과 유럽의 중앙은행은 대량으로 자금을 공급하기로 결정했다. 미국에서만 물경 20조 엔 규모의 유동자금을 시장에 쏟아 붓기로 했다. 이 영향으로 다우존스 평균 주가는 416달러나 상승했다. 미국 시장은 열광했고 금융 위기, 유동성 위기를 피할 수 있다는 견해까지 나왔다.

당연히 12일의 일본 시장도 대폭 상승하리라고 누구나 생각했다. 실제로 닛케이 평균 주가는 일시적으로 413엔 상승했다. 그러나 장 후반부에 들어서자 상승 폭은 축소되어 결국 전일대비 203엔 상승에 그쳤다. 거래량도 전일보다 적었다. 미국 시장도 일본 시각으로 12일 밤, 일시적으로 대폭 상승했지만, 결국 지속되지 못하고 46달러 하락했다. 미국, 유럽 중앙은행의 자금 공급 결정에 의해 위기가 사라졌다는 생각은 하루밖에 지속되지 못했던 것이다.

공포 장세는 여전히 지속되었다. 3월 12일의 미국 시장에서는 엔이 1달러 100엔대까지 급속히 올라 하루에 3엔이나 높아졌고, 원유는 110달러를 돌파했다. 이 영향으로 13일 닛케이 평균 427엔 폭락했다. 이를테면 미쓰이 스미토모(三井住友) 파이낸셜 그룹이 7.3퍼센트 하락, 스미토모 부동산은 6.2퍼센트 하락했다. 복수의 헤지펀드가 폐쇄를 검토하고 있다는 영국 경제지의 보도가 나오자 신용 불안을 우려한 투자자들이 금융이나 부동산 주식을 매도했기 때문이다.

14일 금요일, 미국 신용평가 회사가 "서브프라임 손실은 고비를 넘겼다고 지적했다"는 보도가 나오면서 닛케이 평균은 전일대비 150엔 상승했다. 그러나 오후 1시부터 급격히 반전하여 2시 반에는 닛케이 평균이 12,167엔으로 하루 중 415엔이나 변동했고, 종가로는 전일대비 191엔 떨어졌다. 이 급락의 속도에 투자자들은 경악했다. 더욱이 엔은 1달러 99엔이 되어 외환에 벌벌 떠는 일본 시장은 순식간에 패닉 상태에 빠졌다.

투자자들은 내일이 오는 것이 두려웠다. 미국 시장이 깜짝 놀랄 만큼 급등하지 않을까, 위기 때마다 일본을 구해줬다는 가미카제(神風)라도 불어오길 기도하는 수밖에 없었다. 그만큼 다음 날을 맞이하는 것이 두려웠던 것이다.

하지만 실낱같은 희망도 완전히 산산조각 났다. 14일 미국 시장은 폭락했다. 우선 미국 투자펀드 칼라일 그룹의 칼라일 캐피털이 채무 불이행으로 청산되는 것이 확정되었다는 뉴스가 보도되자 시장은 완전히 비관적인 분위기였다. 더욱이 명문 투자은행 베어스턴스(Bear Stearns. 월가의 5대 투자은행 중 하나로 튼튼한 재무구조를 자랑하는 우량 은행이었다-옮긴이)가 일부의 소문대로 자금 조달 위기에 빠져 있다는 것이 사실로 판명되면서 시장은 정말 패닉 상태에 빠졌다.

이와 동시에 뉴욕 연방은행이 JP모건을 통해 긴급 융자를 한다는 소식이 보도되었다. 금융 당국이 개별 금융기관을 지원하다니 정말 놀라운 뉴스 아닌가. 그러나 투자자들은 금융 당국이 금융 위기를 공식 인정했다는 뉴스로 받아들였다. 이래저래 패닉은 가속되었다.

이런저런 악재들이 겹쳐 다우존스 평균은 일시 300달러 하락하여, 최종적으로는 전일대비 194달러 하락한 채 장을 마감했다. 엔은 1달러 98엔, 금은 1온스 1,009달러로 최고치를 갱신했다. 다음 날은 주말이라서 투자자들에게는 구원처럼 느껴졌지만, 이것은 사형 집행이 이틀 연장된 것일 뿐이었다.

이때 미국 FRB는 세 번째로 움직였다. 일본 시장은 시차에 의해 주요 시장 중에서도 가장 빠른 시간에 열리기 때문에 세계적인 금융 위기도 일본에서 시작되는 패턴이 확립되었다. 일본 시장의 폭락을 저지하기 위해서 16일 일요일에 기준금리를 0.25퍼센트 인하하기로 발표한 것이다. FOMC의 정례회의가 이틀 후로 예정되어 있음에도 불구하고 금리 인하를 앞당겨 단행한 것은, 현실적으로 17일과 18일 이틀간 세계 금융시장이 붕괴할 가능성이 있다고 FRB는 판단했던 것이다.

FRB는 또한 증권화 상품시장에 대한 추가적인 자금 공급을 가능케 하는 새로운 제도를 만들고 즉석에서 제1탄으로 파산이 확정된 베어스턴스 구제를 위한 긴급 융자를 결정했다. 게다가 이 300억 달러의 유동자금 공급은 뉴욕 연방은행과 JP모건이 그것을 위한 펀드를 만들고, 연방은행도 여기에 지분을 출자하는 것이어서, 그야말로 전대미문의 관민일체 민간 금융기관 직접 구제 대책이었다.

FRB가 모양새를 가리지 않고 금융공황 저지를 위해 전력을 다하자 사람들은 놀라워했다. 그러나 더 큰 놀라움이 사람들의 뇌리를 휩쓸었다. JP모건이 베어스턴스를 구제하는 매수 가격이 고작 한 주당 2달러였던 것이다. 게다가 현금 매수도 아니고 주식 교환이었다. 베어스턴스의 파산 소문은 이전부터 나돌았지만 주가는 그래도 괜찮았다. 전전일인 14일에는 30달러, 1년 전에는 150달러였다. 그런데 1주당 2달러?

사람들은 정말로 충격과 공포에 휩싸였다. 왜냐하면 제2의 베어스턴스가 나오리라는 것은 확실하고, 위기설이 나도는 금융기관의 주가 또한 베어스턴스처럼 이틀 만에 15분의 1, 아니 수십 분의 1로 토막 나지 않으리란 보장이 없기 때문이다. 다음 17일에는 이들 금융기관의 주가가 몇 십 분의 1이 되어도 이상하지 않을 정도로, 예상을 넘는 폭락이 일어나리라는 것은 분명했다. FRB가 전력을 기울인 정책의 효과도 1주당 2달러라는 쇼크 앞에서 사라져버렸다.

유빙(遊氷)과 같은,
조용한 폭락의 공포

3월 17일 월요일 오전 9시, 일본 시장이 열렸다. 그곳은 적막감이 감돌았다. 다만 주가가 조용히 폭락했다. 매수는 사라지고, 담담히 매도가 이어졌다. 어디까지나 조용히 이어졌다. 시장은 매도로 넘쳐났지만, 누구도 비명을 지르지 않았고, 얼어붙은 채로 넘쳐나는 매도와 주가의 담담한 폭락을 응시하고 있었다.

모든 종목이 매도되었다. 금융 위기의 영향을 직접 받은 금융, 부동산주, 그리고 외환이나 미국 소비시장의 영향을 받은 수출 관련주가 하락하는 것이 폭락의 패턴이지만, 이날은 아무튼 모든 것이 하락했다. 투자자는 매도할 수 있는 것은 모두 매도하는 것 같았다. 국제 우량 종목도 예외는 아니어서, 팔릴 수만 있으면 매도되었다.

분위기는 그저 담담할 뿐이었다.

매도자는 체념한 개인투자자들만이 아니라, 결산을 앞두고 평가손실을 회계에 반영하지 않으려는 금융기관이나 청산이 확정된 외국계 헤지펀드 등이었다. 더욱이 닛케이 평균이 12,000엔을 돌파함으로써 일정 수준의 닛케이 평균을 하향 돌파하면 자동적으로 이율 보증이 없어지는 투자신탁 상품이 대량으로 있었기 때문에 이것에 연관된 매도도 조용히 집행되었다.

얼어붙은 주식시장에 비해 외환시장은 뜨거웠다. 그래봐야 패닉이었지만 말이다. 엔은 1달러 95엔대를 돌파, 주말 이후 5엔이나 떨어졌다. 그리고 엔고는 일본 시장의 더 큰 폭락을 초래하고, 조용히 연쇄적 공포의 폭락이 진행되었다. 자금은 달러로부터 도피하여 금이나 원유로 흘러들어 금은 1온스에 1,033달러, 원유는 1배럴에 111달러로 최고치를 갱신했다. 일본 국채도 급등 국채 10년물의 이율은 1.230퍼센트로 제로 금리에서 양적 완화 당시인 2005년 7월 이래 2년 8개월 만에 최저 수준이 되었다. 아무튼 리스크가 있는 자산에서 자금이 모두 철수했던 것이다.

닛케이 평균 주가는 12,132엔을 유지했지만, 그 후 조용히 그러나 급속히 하락했다. 절대로 무너지지 않는다고 여겨졌던 12,000엔을 소리 없이 무너뜨리고 그대로 일직선으로 하락하여, 오전 중에는 11,726엔으로 끝났다. 시장은 얼어붙고 침묵에 빠져들었다.

오후에도 하락이 지속되어 12시 36분에는 550엔 하락한 11,691엔이 되었다. 그러나 하락 폭이 극단적으로 커진 것이나 작전 투매의 되사기에 의해서 그 직후부터 반전했다. 보통이라면 이것은 크게 회복하는 패턴이었지만, 이날은 그래도 매도가 멈추지 않고 폐장 무렵 다시 하락하여 지난 주말 대비 454엔 하락한 11,787엔으로 끝났다. '조용한 폭락'이란 게 이 정도로 두려운 것인가 하고 모든 투자자들이 얼어붙은 하루였다.

한편 17일의 미국 시장은 일본 시장이나 유럽 시장의 폭락 영향을 받아서 오전에는 다우존스 평균이 195달러 하락했지만, 다음 날 FOMC에서의 금리 인하 기대로 반전 상승하여, 장중 한때 120달러까지 올랐지만 결국 상승 폭은 21달러에 그쳤다. 이날도 하루에 320달러나 등락을 반복했다. 이는 폭락 말기에 전형적으로 나타나는 착종 장세다. 세계의 시장이 대폭락한 영향을 받아 미국 시장도 대폭 하락할 거라고 여기던 차에 이 같은 상승을 지켜본 투자자들은 이제 드디어 공포 장세가 끝나가고 있는 게 아닐까 하고 생각했다. 이날은 셀링 클라이맥스였을 가능성이 높다는 관측이 지배적이었다.

하지만 현실에서는 그렇지 않았다. 다음 날인 18일 오전 9시 20분, 닛케이 평균 주가는 11,995엔까지 상승했지만 12,000엔에는 이르지 못했다. 낙관적인 분위기가 감돌던 시장은 곧 냉랭해졌다. 그 결과 오후가 되자 폭락하여 1시 16분에는 전일과 거의 같은 수준인 11,793엔까지 하락했다. 그러나 그 후 돌연 일직선으로 상승하여 177엔 오른 11,964엔으로 끝났다.

이렇듯 하루 중에 격렬한 등락을 거듭하면서 폐장 무렵에 상승하는 것은 미국 시장에서의 셀링 클라이맥스 양상과 비슷한 것이었다. 게다가 미국 시장의 상황이 개선되고 있었기 때문에 위기는 지나갔다는 확신을 가질 법한 장세였다. 그러나 일본 시장의 분위기는 그렇지 않았다.

상승은 했지만 여전히 자신감을 상실한 장세였다. 반전하여 상승한 이유도 작전으로 선물을 매도한 투자자의 되사기 때문인 것으로 알려지면서 미디어에서는 온통 비관론 일색이었다.

자신감을 상실한 일본 시장이 회복되는 것은 미국 시장에서 위기의 종언이 100퍼센트 분명해지면서부터였다. 18일은 유럽 투자은행의 결산이 잇따른 날이었다. 이들 결산은 당연히 좋지 않은 것이었지만, 베어스턴스 같은 파산은 없었기 때문에 장 초반부터 대폭 상승했다. 그리고 오후 2시를 지나서, FRB가 0.75퍼센트의 금리 인하를 발표하자 그 직후엔 대폭 하락했지만 급등하여 420달러라는 사상 네 번째로 큰 상승폭을 기록했다.

버블 붕괴로부터의
재활 훈련

위기는 사라진 것처럼 보였다. 채권시세는 급등하고, 달러를 되사기해 외환도 1달러 99엔까지 회복했다. 금융기관의 주가도 급반전하여 리먼 브라더스는 46퍼센트 높아졌고, 상품선물 대기업인 MF글로벌이 35퍼센트 상승, 주택금융 대기업인 손버그가 32퍼센트 상승하여 베어스턴스에 이어서 파산의 소문이 있었던 종목이 급등했다.

얼어붙었던 일본 시장도 19일에는 겨우 풀리기 시작해 장 초반부터 일직선으로 상승했다. 그러나 일시적으로 411엔 대폭 상승했지만 오후에는 속도를 잃고 115엔 하락하더니 결국 296엔 상승한 채 끝났다. 이 정도의 상승은 박력이 부족하다는 실망의 소리가 시장에서 흘러나왔고 매수세 실종을 염려하는 투자자들도 많았다. 그러나 그들도 적극적인 매수자가 될 수는 없었다. 시장과 마찬가지로 아직도 자신감을 되찾지 못했던 것이다. 외국계 헤지펀드 등도 그동안의 폭락 때와 달리 작전을 펼 심리적, 재무적 여유가 없는 것 같았다. 2008년 3월의 엄청난 버블 붕괴가 조용하고 음울하게 시장 전체를 감싼 결과였다.

19일 미국 시장은 전일의 반동으로 대폭 하락했으며, 다우존스 평균주가는 293달러 하락했다. 일본 시장과 마찬가지로 미국 시장도 음울한 분위기였다. 일본, 미국을 비롯하여 세계 시장은 최근 3개월의 손실이 너무 커서, 즉시 회복할 수 없는 것처럼 보였다. 정말로 재활 훈련이 필요한 상태였다.

미국보다도 취약한 일본 시장이 19일 미국 시장 폭락의 영향을 정면으로 받는다면 잠시도 지탱하지도 못할 것 같았다. 겨우 회복하려던 참에 이번에야말로 최후의 일격을 당했는지도 몰랐다. 그러나 다행스럽게도 20일은 휴일이라서 일본 시장은 열리지 않았다. 같은 날(20일) 미국은 대폭 반발하여 다우존스 평균이 261달러 상승한 채 끝났다. 경기지수의 발표가 상승 요인이라는 설명도 있었지만, 실제로는 전날에 의미도 없이 떨어졌기 때문에 그만큼 되돌아갔을 뿐이다. 정말로 재활 훈련 도중에 비틀거리면서 회복하고 있는 양상이었다.

이때는 금융주가 대폭 상승하여 시티그룹이 10퍼센트 상승, 베어스턴스가 12퍼센트 상승, 메릴린치도 13퍼센트 상승하여 폭락으로 고통을 겪던 부문이 반동으로 상승한 것을 보여주었다.

일본 시장도 이 영향을 받아서 겨우 조금씩 상승했다. 21일 닛케이 평균은 오전 중에는 엎치락뒤치락하면서 전일대비 겨우 상승세를 보였지만, 오후가 되자 한순간에 그리고 일직선으로 상승하여 222엔 상승으로 끝났다. 상승 폭이야 어찌 됐건 상승했다는 점이 중요했고, 시장 분위기는 일변했다. 4월까지는 아직 일주일 이상 남아 있었지만, 벚꽃의 개화도 예년보다 빨라서 꽃구경에 맞춰서 재활 훈련이 때를 잘 맞췄던 것 같았다.

세계 경제의 권력 교체를 부르는 버블의 붕괴

모든 버블은 단순히 버블의 붕괴로 끝나지 않는다.
하나의 버블이 붕괴할 때마다 세계 경제의 패권이 교체된다.
모두가 알다시피 1929년 대공황으로 세계 경제의 패권자는 영국에서 미국으로 바뀌었다.
어떤 경제학자는 낡은 패권자인 영국이 손댈 여력이 없고, 새로운 패권자인 미국은
손댈 생각이 없어서 세계 대공황이 그토록 끔찍한 결과를 낳았다고 말한다.
서브프라임 사태로 촉발된 20세기의 마지막이자 21세기 최초의 버블은 붕괴됐다.
금융자본은 이제 미국 달러가 아니라 실물자산으로, 엔과 유로를 비롯한 다른 화폐로 몰리고 있다.
또한 어디로 가야 할지 몰라 방황하고 있다. 미국은 달러 패권의 유지를 위해 중국에 국채를
계속 구입해달라고 추파를 보낸다. 새로운 패자는 조만간 모습을 드러낼 것이다.
하지만 그 또한 버블을 만들어내면서 사라지게 되는 것은 아닐까?

버블의 상식,
이코노미스트의 비상식

버블에 대한 일반적인 인식은 대부분 잘못됐다. 일반의 인식만이 아니라 평론가나 이코노미스트, 경제학자 등 전문가의 인식조차 잘못되어 있다. 아니, 오히려 전문가라 불리는 사람들이 보통 사람들보다 치명적인 오류를 범하고 있다.

"버블이 한창일 때는 너나없이 열광해서 버블이 버블이라는 것도 깨닫지 못하고 투자한다."

이것은 잘못된 인식이다. 2007년 2월 말의 (통칭 상하이발) 세계 동시주가 폭락, 같은 해 8월의 서브프라임 쇼크, 다음 해인 2008년 3월의 공포 장세 등등 버블이 붕괴하는 과정에서 투자자들은 누구나 버블을 인식하고 있었다. 시작부터 끝까지.

상하이 시장의 폭락은 중국 국내 사건에 지나지 않는 일이었다. 하지만 세계의 투자자들은 세계의 주식시장이 버블이며 엔 캐리 트레이드가 버블을 낳고 있다는 점을 인식했기 때문에 일제히, 그리고 과민하게 반응했다. 그 결과 세계의 주가가 동시에 폭락했다. 버블이라는 인식이 없었다면 상하이 시장의 폭락으로 굳이 공포감을 느낄 필요는 없었다. 상하이 시장의 폭락은 계기 혹은 계기의 계기에 불과했다. 모두가 언제 버블이 끝날지 두려워하고 있었기 때문에, 상하이 시장이 폭락하자마자 매도에 나섰던 것이다.

2007년 8월의 서브프라임 쇼크도 마찬가지였다. 버블이라는 것을 알고 있었기 때문에 단 하나의 금융기관이 펀드의 해약을 동결했다는 뉴스가 나오자마자 전 세계 투자자들이 약속이라도 한 듯 공포에 빠진 것이다. 버블이라는 인식이 없었다면 금융기관 한 곳의 일부 펀드가 입은 손실 정도는 작은 뉴스거리로밖에 취급되지 않았을 것이다. 하지만 현실에서는 유럽의 은행 사이에서 단기자금 공급이 이뤄지지 않을 정도의 유동성 위기가 몰아닥쳤다. 세계 투자자뿐만 아니라, 각국의 중앙은행까지도 공포감에 휩싸였다. 서브프라임 관련 증권 및 다른 증권화 상품시장의 붕괴를 계기로 세계 금융기관 및 금융시장이 붕괴하리라는 두려움이 현실로 나타난 것이다.

모두가 세계의 버블이 붕괴하리란 것을 분명히 알고 있었다. 상하이 쇼크라 불리는 2007년 2월 말의 세계 동시 주가 폭락으로 버블이 한차례 붕괴됐기 때문에, 이제 다음은 진짜로 끝이라는 암묵적인 합의(!)를 하고 있었던 것이다. 그리고 8월의 버블 붕괴에 의해 증권화 상품시장은 결정적으로 붕괴했다.

2008년 3월의 폭락 국면은 공포 장세였다. 미국 시장에서는 하루에도 몇 번씩 다우존스 평균 주가가 200달러 이상 하락하는 일이 벌어졌다. 그런데 희한하게도 경제지의 1면을 장식할 뉴스거리에 투자자들은 별다른 반응이 없었다.

반응하지 않은 것일까, 아니면 반응할 수 없었던 것일까? 전자일 수도 있고 후자일 수도 있다. 아니면 둘 다일 수도 있다.

2007년 말부터 시작된 공포 장세에 앞서 일어난 같은 해 8월의 서브프라임 쇼크는 분명히 버블이 붕괴하고 있음을 보여주고 있었다. 이어진 9월의 어지러운 주가 등락 역시 8월의 쇼크가 일시적인 조정 국면에 지나지 않는다는 인식이 잘못됐음을 보여주었다.

그럼에도 불구하고 10월 11일에는 다우존스 평균 주가가 최고치를 갱신했다.

투자자들은 버블이 최종 국면에 들어섰다는 것을 알고 있었다. 그래서 더더욱 붕괴할 수밖에 없는 버블 장세에 뛰어들었던 것이다. 그리고 누구나 예상했던 대로 언젠가는 다가올 진짜 버블 붕괴가 현실화되어, 다음해 3월에 클라이맥스를 맞이한 것이다.

이 세 번에 걸친 버블의 붕괴 과정에서 모든 투자자들이 그 상황이 버블이라는 것을 인식하고 있었으며, 그것이 언젠가는 종언을 맞이하고 붕괴할 것이라는 점도 당연히 알고 있었다. 즉 앞서 든 버블에 관한 일반적인 인식 ① "버블이 한창일 때는 모두 열광해 있어 버블이 버블이라는 것을 깨닫지 못하고 투자한다"는 것은 있을 수 없다.

따라서 버블에 관한 일반적 인식 ② "버블에 투자하는 것은 분명히

2007년 2월 1일~2008년 3월 31일의 주가차트

[미국 시장]

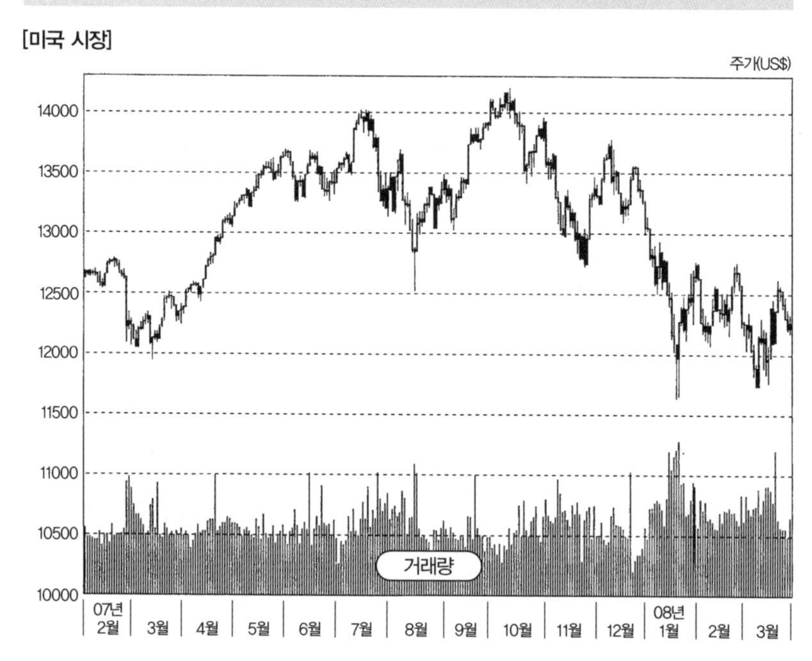

[일본 시장]

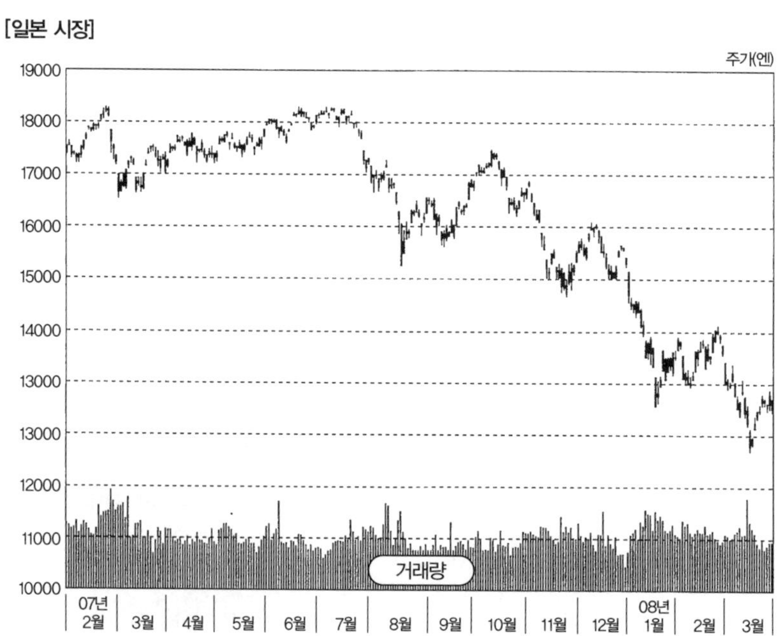

실패하며, 버블인 줄 알았다면 투자하지 않았을걸 하고 뒤늦게 후회한다"는 것도 있을 수 없다.

버블이라는 것을 알고서 투자했기 때문이다. 정확히 말하면, 버블이기 때문에 투자한 것이다. 굳이 후회를 한다면 오히려 버블을 놓쳤다고 후회할 것이다.

서브프라임 버블에서는 붕괴의 징후가 될 사건이 몇 번이나 일어났다. 서브프라임 론 업계 최대의 기업 중 하나인 뉴 센트리 파이낸셜은 2007년 4월에 파산했고, 베어스턴스도 2007년 6월에는 이미 파산할 가능성이 높다고 알려졌다.

그런데도 투자자들이 서브프라임 관련 증권에 계속 투자한 것은 왜일까? 그것은 이미 몇 번이나 서술했듯이 버블을 이용해 돈을 벌 수 있기 때문이다. 실제로 이만큼 단기간에 자산 가격이 상승할 이벤트도 없다. 그래서 모두 버블을 좋아했던 것이다.

버블을 비판하거나 버블이 붕괴했다고 술렁거렸던 사람들은 버블로 돈을 번 사람들을 시샘하거나 자신도 뛰어들지 않은 것을 후회하는 것에 지나지 않았다.

프로 투자자에게 버블 국면이란 권투의 링에 들어서라는 신호나 마찬가지다. 경기가 점점 치열해지듯 버블은 부풀어 오르고 붕괴하고 엄청난 소동이 벌어진다. 그들은 "버블이다!"라고 비명을 지르거나 허둥대지 않는다. 묵묵히 링에 올라가서 게임을 시작할 뿐이다.

모두가 버블 붕괴의 **공범이며 희생자다**

리스크를 감수하는 사람만이 이익을 얻을 수 있다. 그런데 모두가 리스크를 감내하겠다고 달려들면 리스크는 더 이상 리스크가 아니게 되어 확실하게 이익을 올릴 수 있다. 구입한 자산을 확실히 팔아치울 수 있는 것이다. 때문에 투자자들은 리스크에 몰리고, 그 결과 리스크를 감수해서 얻는 수익은 점점 떨어진다. 역으로 말하면 어떤 위험 자산을 사들이는 가격, 다시 말해 리스크 테이크 가격은 치솟게 된다. 이것이 리스크 테이크 버블이었다.

그러나 모두가 리스크 테이크에 몰려드는 한, 그것은 리스크가 아니게 된다. 이것이 리스크가 더 이상 리스크가 아니게 되는 과정이다.

따라서 투자자라면 누구나 리스크 테이크 버블에 편승해야 했다. 리스크 없이는 이익을 얻을 수 없기 때문이다. 2007년 2월 말 세계 동시 주가 폭락 직전은 바로 이 상황이었다. 즉 리스크가 높으면 높을수록 좋았던 것이다. 신흥국, 혹은 다른 투자자들이 아직 투자하지 않은 나라일수록 주가나 부동산 가격은 급등했다. 왜냐하면 너도나도 리스크를 감수하겠다고 나설 것이기 때문이다.

그야말로 리스크 만세, 리스크 테이크 버블 만세인 상황이었다. 리스크 없이는 수익도 없지만, 너나 할 것 없이 리스크를 감수하겠다고 달려드니 리스크가 있는지 없는지도 혼란스러운, 말 그대로 리스크가 리스크가 아닌 상태가 되어버린 것이다.

이 상황은 그 직후에 일어난 세계 동시 주가 폭락을 거친 후에도 본질적으로 달라지지 않았다. 한차례 버블 붕괴가 일어났음에도 투자자들은 시장을 떠나지 않았다. 그들은 여전히 버블 장세를 이용해 돈을 벌고자 더 높은 리스크를 감수했다. 그 결과 버블은 더욱 가속화되었다.

건실한 투자자는 버블을 버블이라고 인식하지 않고 투자하는 일 따윈 있을 수 없다. 버블이라고 알려졌기 때문에 투자하는 것이다. 그래서 투자한 것을 후회하는 일도 없다.

그러나 그런 그들에게도 후회할 때가 찾아왔다. 2007년 8월의 파리바 쇼크로 모든 투자자들이 후회감에 휩싸였다. 다만 그들은 버블에 뛰어든 것을 후회한 것이 아니다. 버블로부터 늦게 빠져나온 것을 후회했을 뿐이다.

그들은 이익을 최대화하기 위해서 마지막 순간까지 버블의 물결에 편승하려고 했다. 그러나 마지막 순간까지 편승해 있으면, 내려올 타이밍은 한순간밖에 없다. 버블이 붕괴하는 마지막 순간에 내려와야 한다.

하지만 이것은 이론적으로 불가능하다. 왜냐하면 모두가 버블임을 알고서 버블에 편승하고, 그리고 모두가 버블이 붕괴하기 직전 내려오려고 하기 때문이다. 전원이 내려오면 그 순간에 버블은 완전히 붕괴한다. 그래서 누구도 버블을 붕괴시키지 않고 내려오는 것은 불가능하다.

즉 라이벌인 다른 투자자들을 제치고 앞질러 나가려고, 모두가 생각하고 있는 것이다. 그러나 모두가 동시에 앞질러 나가는 것은 불가능한 일이다. 결국 누구도 제대로 내려오지 못했는데 버블은 붕괴해버린다. 그 결과 버블에 올라탄 투자자들 모두가 모든 것을 잃어버린다.

일상이 돼버린
금융 공황

그런 일이 현실적으로 일어날 수 있을까? 투자의 아마추어라도 모두가 동시에 내려오려고 하면, 누구도 내려올 수 없다는 것은 알 수 있다. 그런데 설마 프로 투자자가 모인 시장에서 그런 일이 벌어졌을까? 그렇다. 서브프라임 사태를 불러온 BNP파리바 쇼크에서 그런 일이 벌어졌다. 어중간한 프로가 아니라 세계에 이름을 떨치는 프로 중의 프로인 헤지펀드나 저명 투자은행들이 파산했던 것이다.

여기에서 버블에 대한 일반적 인식 ③ "버블은 위험한 것이며, 현명한 프로 투자자는 가까이하지 않는다. 어설픈 아마추어가 손을 댔다간 100퍼센트 실패한다. 따라서 버블인지 의심스럽다면 절대 투자해서는 안 된다"도 오류라는 것이 드러난다.

프로일수록 버블을 찾아다니며, 혹은 스스로 버블을 만들고 부풀려 그 버블에 편승하려고 한다. 이것이 진실이다. 따라서 금융시장의 참가자가 프로 투자자일수록 버블은 빈번히 일어나며, 격렬하게 팽창하고 최후에는 붕괴하여 금융시장에 깊은 상처를 남긴다.

버블은 처음부터 마지막까지 돈을 벌게 해준다. 처음에 증권화를 하여 버블을 만든 투자자는 큰 이익을 올린다. 그다음에 산 투자자들도 다른 투자자에게 전매함으로써 큰 이익을 올렸다. 그리고 그렇게 돈을 번 대다수는 똑같은 리스크 테이크 버블에 재투자하여 버블을 더 팽창시켰다. 그러나 최후의 국면에서 팽창된 투자를 회수하기 전에 버블은 붕괴해버린다.

이때 최후에 증권화 상품을 강매했던 것은 등급이 높은 채권에 투자할 필요가 있는 투자자들이었다. 그들은 이를테면 연금자금의 운용자나 자기가 투자 기회를 만들어내지 않은 금융기관 등으로 유럽 투자자가 중심이었다. 헤지펀드나 영미계 투자은행은 자기들보다도 눈치가 없는 프로 투자자에게 강매함으로써 어느 정도의 이익을 올렸던 것이다.

그러나 이러한 만만치 않은 헤지펀드도 대부분 버블 붕괴로 큰 손실을 입었다. 왜 프로 중의 프로인 헤지펀드가 버블 붕괴로부터 빠져나올 수 없었던 것일까? 버블임을 알면서도 투자하고, 빠져나오지 않았던 것은 왜일까?

그것은 프로일수록 마지막 순간까지 버블에 편승해야만 하기 때문이다. 라이벌인 다른 프로가 버블에 편승하고 있을 때, 자기만 내려와버리면 이익이 줄어들고 라이벌에게 패배해버린다.

여기에 프로의 깊은 고뇌가 있다. 그들이 버블로부터 마지막까지 빠져나오려고 하지 않은 것은 프로의 평가 기준이 라이벌보다 얼마나 더 벌었느냐 여부, 즉 상대 평가이지 몇 퍼센트의 자산을 늘렸는가 하는 절대 평가가 아니기 때문이다. 이는 앞에서 서술한 대로 그들이 타인의 자산을 맡고 있는 이상 멈출 수 없는 일이다.

출자자는 펀드나 금융기관의 비즈니스 모델, 투자 방침 등에 기초하여 어느 펀드나 금융기관에 자금을 신탁할 것인지를 결정하는데, 운용자인 펀드매니저의 진짜 능력에 대해서 정확히 판단하는 것은 거의 불가능한 일이다. 따라서 일반적으로는 실적으로 평가하게 된다. 즉 그 펀드의 수익률이 높으면 출자를 늘리고, 다른 펀드보다 수익률이 낮으면 자금을 인출한다. 이것을 전문용어로 퍼포먼스에 기초한 재정 거래(PBA : Performance Based Arbitrage)라고 부르는데, 현대 금융시장의 특징적인 현상의 하나다.

복잡화, 고도화된 현대 금융시장에서는 출자자와 운용자가 분리되는 '자본과 두뇌의 분리'가 일어나는 것이 필연적이다. 그러므로 이 구조 아래에서는 실적에 기초한 재정 거래가 널리 행해진다. '자본'인 출자자로서는 '두뇌'인 운용자의 능력을 실적으로 판단할 수밖에 없다. 결국 운용자로서는 어떻게든 실적을 내야만 한다. 여기에서 실적이란 리턴, 즉 '얼마나 돈을 벌었는가'이다. 더욱이 단지 돈을 벌기만 하면 되는 것이 아니다. 라이벌보다 얼마나 높은가, 그것으로 끝난다. 같은 값이면 다홍치마, 출자자는 한정된 자금으로 높은 수익률을 요구하게 마련이다.

그렇게 되면 운용자는 버블이 부풀어 오른다고 해서 기뻐할 수 없다. 오히려 괴롭다. 왜냐하면 버블로 자금을 늘리는 것은 간단하지만 라이벌이 1.5배로 늘렸다면 자신은 적어도 1.6배로 늘려야 하기 때문이다. 이를테면 도쿄 지가가 평균 20퍼센트 상승하고 있을 때, 어느 부동산 펀드가 20퍼센트 수익률을 달성했다는 것은 아무런 의미가 없다. 이런 상황이라면 누구나 20퍼센트는 올릴 수 있기 때문에, 이 부동산 펀드에 자금을 맡기려는 사람은 없을 것이다.

지금까지 서술한 내용을 바탕으로 버블에 대한 운용자의 태도를 정리해보면 다음과 같다.

첫째, 버블이 발생하고 있을 때, 운용자는 버블에 편승하지 않을 수 없다. 그렇지 않으면 버블에 편승한 라이벌에 지기 때문이다.

둘째, 버블에 편승했어도 단지 편승만 해서는 의미가 없다. 힘껏 편승해야 한다. 이를테면, 균형을 잡아 버블이 되고 있는 자산에 총 투자액의 30퍼센트, 안전자산에 70퍼센트 투자하는 것으로는 100퍼센트 버블 자산에 투자한 라이벌에게 완전히 패배해버린다. 두뇌로 이겼어도 배짱에서 진다면 버블에서는 결과적으로 '패배'하는 셈이다.

셋째, 실은 100퍼센트 버블에 투자해도 충분하지는 않다. 즉 이길 수 없다. 왜냐하면 대부분의 헤지펀드가 출자자들로부터 수탁받은 출자금 이외에 자금을 빌려 투자액을 더 늘리기 때문이다. 이른바 레버리지(차입금이나 부채-옮긴이)를 활용하는 것이다.

이를테면 100억 엔의 출자를 받았을 때, 10퍼센트의 이익이 나오는 투자 기회가 있다고 하자. 이때 5퍼센트의 금리로 400억 엔의 자금을 빌리면, 총 투자액은 출자액의 5배인 500억 엔이 된다. 투자한 결과 총 투자액의 10퍼센트를 이익으로 얻기 때문에 총액은 550억 엔이 된다.

이제부터 빌린 400억 엔에 이자 20억 엔을 붙여서 반환해도 130억 엔이 남는다.

그 결과 출자액 100억 엔에다가 이익금 30억 엔을 붙여서 출자자에게 상환할 수 있으니 수익은 30퍼센트가 된다.

이때 레버리지를 활용하지 않았으면, 수익은 3분의 1인 10퍼센트에 그쳤을 것이다. 만약 같은 출자자로부터 같은 금액의 출자를 얻어낸 라이벌이 있는데, 그 라이벌이 레버리지를 활용하여 수익을 3배로 늘렸다면 패배해버린다. 따라서 모든 운용자가 레버리지를 활용하려고 한다.

운용 수익률이 플러스일 때는 레버리지를 활용할수록 수익이 늘어나기 때문에 좋지만, 버블이 붕괴하고 수익률이 마이너스 혹은 금리보다 적을 때는 순식간에 나락으로 떨어진다. 레버리지의 효과만큼 마이너스 폭이 늘어나기 때문이다. 게다가 그것만으로 끝나지 않는다. 운용 수익률이 마이너스가 된 순간에 거의 파산하게 된다. 왜냐하면 자금을 차입할 때 담보로 제공한 증권도 동시에 가치가 떨어지기 때문이다. 즉 이 증권의 가치가 떨어지면 운용 수익률도 마이너스가 되고 동시에 담보가치가 떨어지기 때문에 즉각 자금 상환에 쫓기게 된다. 현금을 추가 담보로 넣을 수 있다면 문제는 없겠지만, 운용자는 수익률을 높이기 위해서 전력을 다해 투자했을 것이므로 그럴 여유도 없다.

추가의 현금이 없으면 투자한 증권을 매각하여 비중을 줄일 수밖에 없다. 그것은 투자한 증권의 투매를 의미한다. 투매한 증권을 구입해줄 투자자는 없기 때문에, 점점 이 증권은 가치가 떨어진다. 즉 담보가치는 더 떨어지고, 더 큰 매각에 쫓기게 된다. 이것이 레버리지를 이용한 투자가 실패했을 때 일어나는 패배의 연쇄다.

더 나쁜 점은, 운용자들은 라이벌끼리 경쟁하고, 그 결과 같은 버블에 편승하고 한껏 레버리지를 활용하여 투자하기 때문에, 모든 운용자가 같은 패배의 연쇄에 휘말린다는 것이다. 시장 전체로 보자면 이 패배의 연쇄는 버블 붕괴 그 자체다.

레버리지를 활용하여, 운용자끼리 동종의 자산에 투자하고 경쟁하는 경우에는 자산 가격이 조금만 떨어져도 구조적으로 이 패배의 연쇄가 작동한다. 즉 어떤 시장에서도 패배의 연쇄에 의한 폭락이 일어날 가능성이 있다.

더욱이 이때 어느 특정 증권에서 패배 연쇄에 의한 폭락이 일어나면, 다른 증권이나 자산시장에 파급된다. 즉 폭락의 연쇄가 전파되는 것이다.

어느 증권시장에서 이 패배의 연쇄가 일어났을 때, 모두가 증권을 투매하려고 하지만 구매자가 나타나지 않으면 팔 수 없다. 살 의욕이 있는 투자자가 있다고 해도 패배의 연쇄의 한가운데서 살 필요는 없다. 기다리면 더 싸게 살 수 있기 때문이다. 그 결과 가격이 형성되지 않고 거래도 성립하지 않는다. 이 상태가 가장 곤란하다. 바로 '유동성의 위기'다.

유동성이 없는 자산은 팔려 해도 팔 수 없기 때문에 유동성 있는 다른 자산을 팔게 된다. 가격 따위는 상관하지 않는다. 청산 위기만 모면할 수 있다면 어떤 가격이라도 상관없다. 더구나 모든 운용자가 같은 상황에 빠져 있기 때문에 유동성 있는 증권까지 투매된다.

그 결과 원래 버블이 아니었던, 건실한 증권시장까지도 폭락에 휩쓸린다. 유동성 있는 것일수록 팔리기 때문에 건전한 자산이었던 것일수록 가격이 떨어지고, 유동성 없는 것은 전혀 거래가 이뤄지지 않는다(가격이 형성되지 않고 경우에 따라서는 가치가 제로로 평가된다). 이렇게 해서 패배의 연쇄는 건전한 자산시장에까지 전파되며, 세계 금융시장 전체가 동시다발적으로 폭락에 휩쓸린다. 즉 세계 금융 공황에 빠지는 것이다. 이렇게 '자본과 두뇌의 분리'가 일어나는 현대 금융시장은 금융공황이 간단히 일어날 수 있는 구조가 되었다.

패권 교체의
신호탄이 발사되다

일부 자산시장에서 벌어진 패배의 연쇄에 의한 폭락이 세계 전체의 금융 공황으로 이어진다? 이런 구조적인 파산의 가능성이 현실로 나타날 수 있을까?

2007년 8월에 일어난 서브프라임 쇼크를 발단으로 한, 증권화 상품 시장의 위기 및 채권시장 전체의 위기가 바로 그것이다. 그리고 그 공포를 증폭시킨 것이 2008년 3월의 세계 금융 공황이었다.

2007년 8월의 파리바 쇼크에서는 서브프라임 관련 증권 중 리스크가 높은 것에 가격이 붙지 않게 되어, 가치가 제로로 인정되었다. 파산 위기에 처한 펀드는 다른 보유 자산 중에서 팔 수 있는 것은 뭐든 투매했다. 그 결과 서브프라임 관련 증권에서 트리플 A 등급의 증권까지 30퍼센트에서 40퍼센트 폭락한 가격으로 거래되었다. 더 나아가 서브프라임과 관련이 없는 증권화 상품까지 폭락하고, 채권 일반에까지 하락의 여파가 확산되었다. 이 폭락은 서브프라임 론의 실체의 악화와는 직접적인 관련이 없는, 어디까지나 금융시장에서의 채권의 유동성 문제였다. 더욱이 대부분의 투자자가 이들 채권을 보유하고 있었기 때문에 모두가 판매자로 돌아서서 구매자가 사라져버렸다. 채권 가격은 끝 모르게 하락할 수밖에 없었다.

그런데 이때까지 서브프라임 관련 증권만이 아니라 모든 증권시장에서 버블이 일어났다. 이러한 리스크 테이크 버블에 의해 리스크 자산에 투자하고 있던 대다수 투자자는 리스크 붕괴 직전까지 큰 이익을 올렸다. 따라서 이 시점에서는 대다수 펀드가 파산할 리는 없었다. 극단적으로 레버리지를 활용한 덕분에 차입금 상환에 쫓긴 펀드 이외의 투자자들은 과거의 이익이나 평가이익을 이용하여 어떻게든 버텼다. 그들은 자산 가격의 회복을 바라면서 이 연쇄 폭락의 폭풍이 지나가기만을 기다렸다.

그러나 2007년 12월 말부터 시작된 노도와 같은 대폭락에서는 더 이상 여유가 없었다. 평가이익은 이미 바닥을 쳤고 손실액은 수직 상승했다. 모든 자산의 가격이 떨어지고 있었다. 따라서 더 이상의 평가손실을 막기 위해 자산 전부를 국채나 현금으로 바꿀 수밖에 없었다. 손실을 키우고 있던 펀드나 금융기관은 서브프라임 관련 증권 등 거래가 성립하지 않는 증권 이외의, 유동성이 조금이라도 있고 팔 수 있는 자산이라면 무엇이든 현금 확보를 위해서 투매했다. 그 결과 투매된 자산의 가격은 모두 폭락했다.

이렇게 해서 폭락은 서브프라임과 전혀 관계없는 모든 채권으로 확산되었다. 이 폭락의 연쇄는 리스크 자산에 투자를 하고 있던 전 세계 투자자들을 엄습했기 때문에, 악영향은 채권시장에만 국한되지 않았다. 신흥시장의 주식, 선진국의 주식도 모두 투매되었다.

투매로 확보한 현금은 안전한 자산으로 바꿀 필요가 있었다. 예전 같으면 미국 달러 자산이나 미국 국채를 선택했을 것이다. 그러나 이번의 대폭락은 서브프라임 쇼크라는 미국 국내 경제의 버블 붕괴와 그에 따른 미국 금융기관의 파산이 발단이 된 것이었다. 즉 미국 금융기관, 미국 경제, 미국 달러, 그리고 미국에 대한 불신이 짙어질 수밖에 없었다. 그것은 필연적으로 미국 달러의 폭락을 초래했기 때문에, 미국 국내의 투자자 이외에는 미국 달러 자산을 가능한 한 줄이려고 했다. 그 결과 미국 달러의 가치는 더욱 하락했다.

금융 자산을 신뢰할 수 없다면, 뭔가 실체가 있는 것에 손을 뻗치게 된다. 그래서 투자자들은 원유나 금, 곡물, 기타 자원, 상품에 몰려들었다. 그에 따라 원유와 금, 곡물의 이상한 가격 급등이 일어났고, 가격이 급등하자 시장으로 더 많은 자금이 쇄도했다.

게다가 이들 원유와 상품, 곡물은 미국 달러 베이스로 가격 표시되어 있었다. 달러 폭락에 의해 이들 자원, 상품, 곡물의 미국 달러 베이스 가격이 폭등하여 원유는 110달러, 금은 1,000달러까지 올랐던 것이다.

이 때문에 미국에서는 인플레이션이 발생했다. 다른 한편 유럽이나 일본에서는 달러의 하락으로 이들 원유, 상품, 곡물의 폭등에 따른 영향이 비교적 약했다. 그 결과 인플레이션에 의한 미국의 실질 레벨에서 경제 규모의 축소와 유로 통화고에 의한 유럽의 상대적인 지위 상승을 초래했다.

이렇게 해서 서브프라임 쇼크가 발단이 된 리스크 테이크 버블 붕괴는 미국의 몰락이라는 세계 경제의 패권 교체까지도 초래할 수 있는 역사적인 사건이 되었다.

버블이 없다면 성장과 풍요도 없다

21세기 자본주의는 금융자본이 조장하는 버블 없이는 돌아갈 수 없게 됐다.

날이 갈수록 부족해지는 투자 기회, 노동의 종말이라는 말이 실감나는 좁아지는 취업의 기회, 불안한 미래를 보장해줄 투자 수익에 대한 갈증 등등 자본주의 경제는 결국 버블경제가 되어버렸다.
금융자본은 덩치가 커지고 장사가 잘되면 잘될수록 투자 기회는 줄어든다. 건전한 투자 기회가 줄어들면 결국 남는 것은 버블뿐이다. 비상식적이고 비합리적인 버블에 의해 이익을 내야 한다. 버블이 커지면 경제가 병이 든다. 마치 몸 전체를 병들게 하면서 점점 커지는 암 덩어리처럼 금융자본은 버블을 키우면서 자신의 기반이 되는 자본주의 자체를 병들게 한다. 인류는 아직 암을 정복하지 못했다. 그렇다면 버블에 기대는 캔서(암) 캐피털리즘도 치유할 수 없는 것일까?

20세기형 버블과 **21세기형 버블**

버블이란 무엇인가?

버블의 발생 원인은 경우마다 다르며, 일반적인 원인을 도출할 수가 없다. 배경은 있지만, 발생의 원인에 대해서 정설은 없다. 일단 그것이 버블이 되면, 그 발생 원인은 아무런 상관이 없다.

버블이 버블인 것은 자기순환이론으로 성립한다. 그것은 이와이 가쓰히토의 화폐론과 같다. 그리고 발생의 원인을 알 수 없는 것이 아니라, 발생의 원인을 찾는 것 자체가 틀린 것이다. 버블의 발생에는 이유가 없다. 따라서 버블이 버블인 논리와 버블의 발생 원인은 완전히 분리해 생각해야 한다.

그리고 대다수의 버블에 개별 배경은 있지만, 구조적인 발생 메커니즘은 존재하지 않는다. 그 구조를 해명하려고 하면, 도리어 버블의 본질을 잘못 보게 된다. 따라서 버블에는 이유가 없다고 생각하는 편이 좋으며 거의 우발적이라고 생각해야 한다.

개중에는 IT 버블처럼 기술혁신이라는 실체가 수반된 것도 있다. 실체라는 근거가 존재하는 편이 버블로 더 쉽게 팽창할 것 같지만 반드시 그런 것은 아니다. 오히려 실체가 없어야 단기적으로는 더 격렬하게 팽창한다. 튤립 버블(17세기 네덜란드에서 일어난 튤립 투기 현상. 한때 튤립 한 송이의 가격이 네덜란드인의 연평균 수입의 40배까지 치솟았다-옮긴이)이 그렇고, 일본 주식시장에서 일어난 IPO 버블이나 분할 버블이 그랬다.

IPO(Initial Public Offering) 버블이란 새롭게 주식을 공개하면 주가가 폭등하는 현상을 가리키며, 분할 버블이란 대형주를 분할하면 실제로는 전혀 변화가 없음에도 주가가 폭등하는 현상을 말한다. 이들 사례는 실물과 관련되지 않는 버블이 더 격렬하게 팽창하고 붕괴한다는 것을 단적으로 드러내고 있다.

요는 실체의 유무가 버블의 생성과 팽창에 영향을 미치지 못한다는 것이다. 더욱이 그 가격 상승이 합리적이든 비합리적이든 버블의 본질과는 관계가 없다.

튤립 버블부터 IT버블까지 지금까지 버블 발생의 원인은 우발적이었으며, 발생의 구조적인 요인은 존재하지 않았다. 즉 버블은 필연적인 것이 아니라, 버블이 안 될 가능성도 있었던 것이다. 튤립이든 백합이든 히아신스든 버블이 될 수 있었던 것이다.

21세기의 버블은 전혀 다르다. 버블의 발생이 구조적으로 시장에 내재되어 있다. 튤립 버블처럼 우발적인 버블이 아니라 구조적인 버블이며, 그것이 버블이 되는 것은 필연이다.

21세기는 금융자본이 흘러넘치는 사회다. 이 금융자본의 역사를 돌이켜보면, 그것은 항상 팽창을 지속해왔다. 우선 산업자본에서 금융자본으로 자본의 중심이 이동한 것은 1860년대 이후의 일이었다. 그리고 19세기 말의 식민지 획득 경쟁에 의한 세계의 패권 경쟁이라는 제국주의의 맥락 속에서 금융자본은 급속도로 팽창했다. 그러나 그것은 1929년 세계 대공황으로 일단 붕괴한다. 세계의 자본이 한순간에 수축한 것이다.

그러나 2차 세계대전이 끝난 후, 세계 경제의 발전과 더불어 금융자본은 부활했다. 실물경제가 비약적으로 확대됨에 따라 금융자본도 그 이상의 속도로 팽창했다. 무역의 자유화에 이어 자본의 이동이 국제적으로 자유화된 것이 이 확대를 뒤에서 추동했다. 두 차례에 걸친 오일쇼크로, 일시적으로 확대를 멈추었지만 1990년대부터는 오히려 더 빠르게 증식했다.

소련, 동유럽 등 사회주의 국가들이 무너지자 금융자본의 팽창이 사회적으로 공인되는 분위기가 조성되기도 했다. 사회주의는 자멸한 것이지 자본주의가 진보해서 승리한 것은 아니었다. 하지만 어쨌건 세계는 자본주의의 것이 되었다. 그리고 자본 만능주의 및 시장 만능주의라는 이데올로기가 급속히 확산되면서 금융자본의 팽창에 사회적 공인을 부여했다.

1990년대에는 개발도상국도 주목을 받았다. 금융 세계에서 개발도상국이 이머징마켓(신흥국 시장)이라 불리면서, 선진국으로부터 자본이 유입되어 급속한 경제 성장을 이루었다. 아시아와 중남미로의 유입도 격렬했지만, 체제이행 국가(Transition Economy: 사회주의 체제에서 자본주의 체제로 이행하고 있는 중·동유럽 국가. 이행기 경제라고도 불린다-옮긴이)에도 자본이 쇄도했다. 그들 나라에서는 민영화된 과거 국유 기업을 구미 금융자본이 모두 매수하고 팔아치웠다. 세계는 자본주의의 것이 되었다.

그러나 다른 한편으로는 자본주의의 붕괴 메커니즘이 착착 준비되고 있었다. 즉 자본주의 버블이 생겨난 것이다. 버블은 붕괴하기에 버블이므로, 자본주의는 1990년대에 급팽창함에 따라 역설적이지만 붕괴될 운명이었던 것이다. 버블 붕괴가 구미 금융자본을 엄습하는 것은 필연적이었다.

신흥국 시장의 버블은 곧바로 술렁였다. 우선 1995년 멕시코에서 데킬라 위기가 일어났다. 과거 국영 은행들이 1990년대 초까지 민영화되었지만, 모두 파산하고 구제되어 다시 국유화되었다. 1997년에는 금융시장, 부동산 시장이 동시에 급속히 확대되고 있던 동아시아 및 동남아시아가 통화, 금융 위기에 휩쓸렸다. 이때 금융 위기는 세계 속으로 전파되는 현상을 보였는데, 새로운 자본시장의 위기라고 불렸다. 일본도 금융 위기에 빠졌다. 1998년에는 브라질, 러시아가 금융 위기에 빠졌다.

1990년대의 이러한 움직임은 세계가 금융자본의 버블에 잠식당하는 것을 보여주었다. 버블은 1990년대 전반에 신흥국 시장에서 팽창하여 1990년대 말에 붕괴한 것이다. 아시아의 금융 위기는 상징적이었다. 세계 금융시장의 수호자였던 IMF는 아시아 금융 위기를 미연에 막지 못해 비판받았다. 재정 흑자 상태에서 인플레이션도 없었던 이들 아시아 국가들은 IMF의 기준에 따르면, 경제 위기에 빠질 것이라고는 생각할 수도 없는 나라들이었다.

그러나 세계적인 금융자본의 팽창에 잠식당한 이상 신흥국 시장에서 버블이 팽창하여 붕괴하는 것은 필연이었다. 왜냐하면 금융자본은 투자 기회를 찾아 세계를 방황하며, 가치에 비해 싼 것을 놓치는 법이 없기 때문이다. 따라서 아시아 제국은 실물경제에 문제가 생긴 것은 아니었다. 세계 자본이 쇄도하면서 버블이 생겨났고, 그것이 붕괴하여 금융 위기가 되었던 것이다.

그 버블은 리스크 테이크 버블이었다.

자본주의 승리의 결과 세계에는 금융자본이 넘쳐흘렀다. 동시에 새로운 투자 기회도 넘쳐났다. 신흥국 시장, 이행국 시장이라는 아직 금융자본의 손때가 묻지 않은 투자 대상이 새로 등장한 것이다. 구미 금융자본은 당연히 새로운 먹잇감을 찾아 신흥국과 체제이행국으로 몰려들었다.

이때 구미 금융자본의 투자액에 비해 신흥국과 체제이행국의 금융시장 규모는 작았다. 그 결과 구미의 투자는 필연적으로 투자 수요의 초과를 초래했다. 즉 투자 대상이 된 자산에 대한 수요가 급증하여 자산의 가격이 급등했다. 따라서 투자하면 반드시 이익이 나왔다. 처음에 자본을 투하한 투자자들은 급등한 가격으로 다른 투자자에게 전매하는 데 성공해 막대한 이익을 올렸다.

이것은 앞에서 줄곧 설명했던 리스크 테이크 버블 그 자체다.

신흥국,
체제이행국 버블

체제이행국에서 자본주의로의 이행은 정부기관을 국영기업화한 다음에 그것을 민영화하고, 마지막에 공개하여 상장주를 판매하는 과정을 취했다. 이 과정에서 해당 기업의 가격은 상승했다. 더욱이 투자 대상인 국가의 신용등급을 올리면, 공개된 기업의 주식은 세계 투자자들이 손을 들이밀기에 적당한 상품이 되어 주가도 급등했다. 이는 서브프라임 론의 증권화 과정과 똑같다. 신용평가기관이 등급을 매김에 따라 투자 상품의 가격이 올라가는 구조도 마찬가지였다.

자신이 처음에 투자하고 다음으로 다른 투자자에게 가격을 올려 팔아치운다. 다른 금융자본도 스타트를 끊은 자본의 뒤를 쫓아간다. 버블이 시작되는 전형적인 패턴이다. 그리고 이 연쇄는 계속되었다.

이렇게 해서 리스크가 높아 보이는 신흥국 시장이나 이행국 시장으로 금융자본이 쇄도했다. 한편 이 버블 덕분에 현지 자본의 규모도 확대됐다. 그리고 이것이 재투자되어 현지 자본도 버블에 휘말려들었다. 처음에 리스크를 안고서 투자한 것에 다른 금융자본이 뒤따랐기 때문에 투자 대상이 된 자산의 가격은 급등한다. 아무도 손을 대지 않은 자산인데다 상품화할 수 있다면 높은 가격으로 팔 수 있으므로, 결과적으로 리스크가 없는 투자가 된다. 그리고 한시라도 빨리, 더 큰 리스크를 감수해야 큰 이익을 얻게 되므로 이 리스크 자산에 금융자본이 몰린다. 정말로 리스크 테이크 버블의 구조 그 자체였던 것이다.

앞장에서 서술한 것처럼 프로 운용자라면, 이 버블에 편승해야만 한다. 왜냐하면 자본 소유자로부터 금융자본의 운용을 위탁받은 이상 다른 운용자보다 더 높은 수익률을 달성하지 않으면 펀드가 해체될 것이기 때문이다. 운용자로서는 투자처의 버블이 붕괴하든, 자금이 인출되든 똑같은 결과다. 따라서 버블에 벌벌 떨 이유는 전혀 없었다.

시장에 새로 진입한 헤지펀드 운용자일수록 이런 특성이 강하게 나타난다. 그들에게는 유명한 거대 펀드와의 자금 획득 경쟁에서 이기는 것이 무엇보다도 중요하다. 따라서 단기에 실적을 올릴 필요가 있었으며, 라이벌에 일시적으로도 결코 패배해서는 안 되었다. 유명 헤지펀드는 자금의 인출에 제약을 두고 있지만, 신규 펀드는 충분히 검증받고 그만큼의 신뢰를 얻지 못한 상황이다. 때문에 언제라도 자금을 인출할 수 있다는 조건을 걸고 자금을 끌어 모은다. 결국 단 한 번이라도 라이벌에게 패배한다면, 자금은 인출되고 펀드매니저 인생도 끝난다.

1997년의 아시아 금융 위기와 2007년의 서브프라임 쇼크 모두 이러한 신규 헤지펀드가 다수 존재하고 있었다. 당연히 버블이 일어났기 때문에 세계 금융자본은 팽창했고, 새로운 투자처만이 아니라 새로운 운용자도 요구되었다. 이 기회를 잡기 위해 새로운 헤지펀드가 잇따라 설립되었다.

버블 팽창기에는 레버리지를 이용하여 운용 실적을 증폭시키는 헤지펀드가 극단적으로 큰 수익을 올렸기 때문에, 헤지펀드 매니저 희망자도 많았다. 비즈니스 스쿨 졸업생들이 꿈에 그리는 직장은 IT 버블 시기에는 IT 기업가였지만, 이 리스크 테이크 버블 시기에는 헤지펀드였다. 그들의 존재도 리스크 테이크 버블의 팽창에 힘을 보탰다.

신규 헤지펀드의 확대는 리스크 테이크 버블의 팽창을 가속시키고, 그것이 반대로 헤지펀드의 확대와 신규 진입을 초래했다. 이런 순환 고리 속에서 버블은 더욱 팽창했지만 동시에 버블의 붕괴도 앞당겨졌다. 아시아 신흥국 버블의 붕괴와 더불어 관련 헤지펀드의 버블도 붕괴시켰다.

금융공학 버블

신흥국, 체제이행국 시장의 버블과 함께 현대 자본주의 경제를 근본적으로 뒤바꾸고 있는 것이 바로 금융공학 버블이다.

금융공학에서는 금융시장을 극히 합리적인 존재로 파악하고, 주가나 채권의 가격이 보통은 펀더멘털을 반영한다고 본다. 펀더멘털이란 기업수익이나 거시경제의 미래 예측과 같은 실물경제에 관한 요인이다.

하지만 금융공학으로 돈을 버는 메커니즘은 '비합리적'이다. 합리적인 금융시장도 현실에서는 조금 혼란스러운 경우가 있다. 펀더멘털을 이해하지 못하는 투자자가 매매를 하다 보면 주가나 채권의 가격이 이론 가격에서 벗어나는 경우가 생긴다. 이것이 재정 거래의 기회가 된다. 재정 거래란 가격이 정상에서 벗어나 상대적으로 저렴해진 물건을 구매하고 상대적으로 값이 비싼 것을 판매하는, 다시 말해 가격 차를 이용하여 리스크 없이 돈을 버는 행위다.

이 전략을 취한 헤지펀드는 무척 많았다. 그 가운데 가장 유명했던 것은 노벨경제학상 수상자인 로버트 머튼과 마이론 숄즈, 솔로몬 브라더스의 부사장 출신으로 차액 거래의 귀재라 불리던 존 메리웨더가 함께 설립한 LTCM(Long-Term Capital Management)이다. 헤지펀드가 노벨경제학상 수상자를 둘이나 영입한 이유는 무엇일까? 그들의 네임밸류가 유용했던 것도 있지만 실제로 고도의 컴퓨터 프로그램에 의해 극히 작은 이론 가격으로부터의 이탈을 발견할 필요가 있었기 때문이다. 이 오차를 이용한 투자 전략에서는 고도의 두뇌가 필수였다.

이론적으로는 다양한 증권의 리스크와 수익을 순식간에 계산하여 개별 증권의 수익이 상호 관계없이 어떻게 움직일 가능성이 있는가를 모두 계산한다. 그리고 어떠한 상황에서도 같은 리스크와 수익을 가능케 하는 투자 포지션(말하자면 합성된 증권 같은 것)을 두 가지 만든다. 그 중 상대적으로 값이 싼 것을 사고 값이 비싼 것을 팔아, 리스크 없이 이 두 가지 합성증권의 가격 차를 이용하여 이익을 올린다는 전략이다. 여기에 고도의 금융공학의 모델이 사용되었던 것이다.

이 펀드의 특징은 레버리지를 극단적으로 이용하는 것이었다. 이론상으로는 합리적이었다. 왜냐하면 이 재정 거래에 의한 투자는 노 리스크 로우 리턴(no risk low return)이었기 때문에, 레버리지를 이용하면 노 리스크 하이 리턴(no risk high return)으로 만들 수가 있기 때문이다. 이는 이상적인 운용 방법인 것처럼 보였다. 실제 운용에서도 1998년 초까지는 수익률이 연 40퍼센트나 되었고, 정말로 이상을 실현하고 있었던 것이다.

펀드 운용팀 멤버의 지명도와 4년간의 실적이 이론적 정당성을 더욱 뒷받침했기 때문에, 모든 은행이 의심 없이 레버리지를 이용하도록 대량의 자금을 융자하고 출자를 희망하는 투자 자금도 쇄도했다. 여러 나라의 정부계 투자펀드나 저명한 금융기관, 심지어 중앙은행들까지 이 펀드에 출자했다. 이처럼 '신중하고 보수적인' 기관들까지 출자를 하니, 이를 보고 더 많은 출자자들이 몰려들었다.

아이러니하게도 LTCM은 이런 성공 때문에 파산의 길을 걷게 됐다. 우선 그들의 성공에 자극받아 더 많은 펀드가 진입했다. 하지만 LTCM의 파산을 재촉한 것은 운용액이 1,000억 달러를 넘어서버렸다는 점이었다.

LTCM은 현대 금융시장의 최대의 구조적인 결함인 투자 기회의 부족에 빠졌다. 재정 거래를 가능케 하는 가격의 오차는 그렇게 크지 않다. 그 작은 투자 기회를 둘러싸고, 다른 운용자라는 라이벌이 등장했다. 뿐만 아니라 기회에 비해 자신들의 덩치가 너무 커져버렸다. 스스로 자기들의 라이벌이 되어버린 것이다.

LTCM은 이익을 얻는 만큼 투자 기회도 스스로 없애버렸다. 그들은 선도적으로 금융공학을 구사하여 발견한 재정 거래라는 투자 기회에 대량으로 자금을 투하했다. 싸 보이면 사고 비싸 보이면 팔기를 되풀이했다. 하지만 투자액이 40배나 폭증하면 사들일 만한 싼 물건도 당연히 크게 감소한다. 어찌 보면 투자 기회를 찾는 라이벌 40명을 스스로 만들어버린 꼴이다. 성공하면 할수록 파산의 가능성이 높아지는 구조, 바로 전형적인 헤지펀드의 함정에 LTCM도 빠진 것이다.

여기에서 금융공학 버블 및 리스크 테이크 버블이 발생했다.

재정 거래에 의한 이익의 원천을 고갈시키지 않으려면 시장을 확대할 필요가 있다. 그래서 당초엔 유동성이 극히 높은(팔리기 쉬운!) 국채시장과 외환시장으로 투자 대상을 한정했지만, 서서히 유동성이 낮은 시장에도 손을 뻗칠 수밖에 없었다. 이 투자 역시 재정 거래이기 때문에 이론적으로는 값이 비교적 싼 것과 값이 비교적 비싼 증권을 조합하여 리스크를 제로로 만들 터였지만, 그 대상이 되는 자산 자체의 리스크가 높은 것은 변함이 없었다. 그리고 무엇보다 거래량이 적기 때문에 유동성 리스크가 컸다!

건실한 매매 차익금이 있는 투자 기회는 감소하고, 극단적으로 작은 가격 차를 이용하지 않으면 투자할 대상이 없다. 하지만 수익률이 낮다면 출자자를 만족시킬 수 없다. 이 경우 선택은 하나뿐이다. 수익률을 높이기 위해서 원래 높은 레버리지를 더욱 극단적으로 팽창시키는 것이다.

예전보다 유동성 리스크가 훨씬 더 높은 자산에도 손을 댈 뿐만 아니라 레버리지까지 극단적으로 높여서 투자를 한다. 이제는 처음 시점과는 비할 수도 없을 만큼 큰 리스크를 짊어지게 된다.

증식을 멈출 수 없는
캔서 캐피털리즘

드디어 21세기형 버블의 주요 요소가 갖춰졌다. 금융자본의 자기증식 및 투자 기회의 감소에 의해, 낮은 이익을 얻기 위해서 극단적으로 높은 리스크를 안는 리스크 테이크 버블이 발생했다. 거기에 금융공학과 노벨상 경제학자라는 이론적-수학적 설득력 그리고 과거의 높은 수익이라는 실적이 뒤를 받쳐준다.

투자자들은 그들을 믿고 출자를 늘리며, 운용자는 레버리지를 극단적으로 높여서 낮은 수익을 억지로 증폭시킨다. 하지만 이런 극단적인 레버리지는 작은 쇼크로도 쉽게 파산할 수 있다. 너무 커진 풍선이 아주 작은 바늘 끝으로도 펑 터지는 것처럼.

금융자본은 암과 흡사하게 끝없이 증식의 기회를 모색한다. 문제는 현대 자본주의를 살아가는 우리 모두가 이런 금융자본의 메커니즘에 엮

여버렸다는 사실이다. 노후 대비, 자녀의 미래, 더 풍요로운 생활, 부족한 월급의 보충, 여유 자금의 회전, 의료와 복지에 연계된 거대한 공적 연금의 운용 등등 깊게 생각하지 않아도 대다수 현대인들은 자기증식하는 금융자본의 미래에 삶을 기대고 있다.

암처럼 자기증식을 해야만 하는 금융자본에 좌우되는 자본주의, 그것은 캔서 캐피털리즘(Cancer Capitalism)이다.

신흥국, 이행국 시장 버블 및 금융공학 버블을 일으킨 자금은 세계 곳곳의 다양한 출처에서 조달되었다. 하지만 모두들 21세기의 리스크 테이크 버블 메커니즘을 통해 한 푼이라도 더 많은 이익을 올리는 데 동원됐다. 노벨상을 탄 천재들, 비즈니스 스쿨을 졸업한 패기만만한 펀드매니저들, 산전수전을 다 겪은 역전의 베테랑 금융 엘리트들이 자신의 인생을 걸고 햄버거와 스타벅스 커피 잔을 쥔 채 달려들었다. 그렇게 해서 얻은 수익은 더 좋은 집, 더 좋은 학교, 더 큰 평면 TV, 더 빠른 자동차를 구매하는 데 사용됐다.

이처럼 캔서 캐피털리즘에서는 버블의 팽창, 붕괴의 메커니즘은 구조적으로 시장 내부에 잠재되어 있었다. 그리고 금융자본의 증식에 비례하여 버블의 팽창은 보다 격렬해지고, 붕괴는 더욱 격렬해졌다. 병은 급속히 진행되었던 것이다.

이 병의 급속한 진행은 실물경제에서 투자 기회와 금융자본의 균형이 깨지는 것이 주요 요인이었다. 금융공학 버블에서 보았던 것처럼 '투자 기회의 감소, 금융자본의 증대'는 후자(금융자본)의 이상 증식을 필연적으로 강화했던 것이다.

세계 금융자본은 세계 시장 전체에서 어쨌든 리스크가 있다면 뭐든지 투자했다. 일체의 리스크를 투자 기회로 바꾸어서 투자를 했다. 이 자금 투입 총량은 레버리지로 이용된 부채를 포함하여 불가사의한 수준에 도달했다. 단기적으로는 투입량이 늘면 늘수록 이들 자산 가격이 상승하기 때문에 증식은 멈출 줄 모르는 것처럼 보였다.

세계에서 리스크 자산의 가격이 믿을 수 없을 정도로 폭등했다. 주식, 채권만이 아니라 부동산은 물론 원유나 금, 곡물도 가격이 폭등했다. 그래서 원래 실물경제의 발전을 지탱하는 존재였던 금융자본이 자기증식하여 이 금융자본의 자기증식을 위해서 실물경제를 이용하는 주객전도 현상이 일어났던 것이다.

그러나 일단 자기증식 메커니즘이 붕괴하면, 금융시장은 미증유의 대혼란에 빠질 수밖에 없다. 금융자본은 자신에 비하면 훨씬 작은 실물경제가 악화될 경우 훨씬 큰 충격을 받는다. 그 결과 증식한 금융자본은 허무하게 무너진다. 극히 일반적인 경기 순환으로 일어나는 실물경제의 경기 악화가 미증유의 금융 위기가 되어버릴 위험성이 있는 것이다. 서브프라임 쇼크, 리스크 테이크 버블 붕괴가 바로 그것이다.

21세기 내내 캔서 캐피털리즘은 기승을 부릴 것이다. 녹색 성장, 우주산업, 생명공학 등등 '투자 기회'가 하나라도 나타나면 모습을 바꾸고, 성격을 바꾸어 리스크 테이크 버블을 부풀릴 것이다. 금융 엘리트와 투자자들은 그것이 버블이라는 것을 알면서도 멈추거나 제어할 수 없을 것이다. 돈을 벌어야 하기 때문에.

따라서 책의 첫머리에서 말했던 버블에 관한 일반 상식 ④ "버블은 위험하며, 경제에 큰 피해를 입히기 때문에 사회나 정부로서도 버블 제거, 재발 방지를 위해 노력할 필요가 있다. 좀 힘들기는 해도 시대의 진보와 함께 금융시장의 발달, 금융 지식의 확산, 투자자의 성숙으로 버블의 크기와 발생 빈도는 시간이 지나면서 줄어들었다. 이제는 제어하는 것도 서서히 가능해지고 있다"는 것은 21세기 캔서 캐피털리즘에는 해당되지 않는다.

20세기까지의 고전적인 버블에서는 중앙은행이 통화를 통제함에 따라, 열광한 아이의 머리에 얼음을 뿌려주는 정도의 일을 했다. 그러나 21세기의 리스크 테이크 버블을 비롯한 캔서 캐피털리즘은 금융자본시장에 구조적으로 내재되어 있기 때문에 이것을 제거하는 것은 불가능하다. 캔서 캐피털리즘에서 금융자본의 자기증식 열망을 근절하지 않는 한 병증 및 증식을 멈출 수는 없다.

캔서 캐피털리즘의 미래

미국과 영국을 중심으로 한 기존의 금융자본의 증식과 실물경제의 투자 기회의 부족이라는 불균형을 해소할 수는 없을까? 나는 불가능하다고 생각한다. 아시아와 남미, 동유럽을 비롯한 신흥국의 실물경제가 발전하고, 그 수익의 축적에 의해서 생겨난 산업자본이 금융자본으로 모습을 바꾸게 된다면 새로운 금융자본끼리의 투자 기회 쟁탈전이 더욱 더 격렬해질 것이다.

캔서 캐피털리즘은 계속되고, 그 발병인 버블은 격렬하고 빈번히 일어날 것으로 예상된다. 금융자본끼리의 이러한 쟁탈전은 국가 및 경제권의 패권 싸움이라는 형태를 취할 수도 있다.

현실 금융시장에서 이것은 이미 일어나고 있다. 산유국은 경제적인 생존을 걸고 미래에 대비한 포석으로 정부계 펀드라는 형태로 금융자본을 증식시키려고 하며, 그것은 실물경제에서 무역에 의해 부를 축적한 중국 등에서도 같은 양상을 보이고 있다.

다른 한편 미국 달러 자본은 쇠퇴의 양상을 보이고 있다. 이 쇠퇴는 서브프라임 쇼크를 발단으로 하는 2007년 이후의 리스크 테이크 버블 붕괴로 가속화되고 있다. 캔서 캐피털리즘이 미국 경제 및 금융자본을 잠식하며, 병은 착실히 진행되고 있는 것이다.

캔서 캐피털리즘의 치유는 이 병에 잠식당한 기존의 금융자본이 한 번 소멸함으로써 가능할 것이다. 몇 개 투자은행의 파산 등에 그 징후가 나타나고 있는데, 더 큰 발병이 이어질 것이다. 공적 자금을 쏟아 붓거나 법률을 개정하는 등의 노력은 오히려 병의 치유를 늦출 가능성이 높다.

나는 다음과 같은 시나리오가 실현 가능한 것이 아닐까 생각해본다. 엄청난 인플레이션으로 인해 화폐 가치가 폭락하고 실물의 위력이 회복되는 것이다. 화폐 가치가 폭락하면 금융자본의 위세도 한풀 꺾인다.

원유와 각종 자원 및 곡물 값이 폭등하면서 인플레이션 위기가 시끄러운데, 이것은 실물의 가치가 오르고 있기 때문이 아니라 돈의 가치가 떨어지고 있기 때문이다. 이것이야말로 실물 그 자체인 자원·곡물과 돈의 가치 역전 현상이며, 금융자본의 가치 저하와 쇠퇴를 보여준다. 이것이 더욱 진행되면, 실물경제와 금융자본의 주객이 다시 전도되어 본래로 되돌아갈 가능성이 있다. 그때야말로 캔서 캐피털리즘이 결정적으로 붕괴되고, 병이 완치될 때다.

하지만 이런 시나리오가 현실화되려면 아직도 멀었다. 서브프라임 쇼크로 시작된 리스크 테이크 버블 붕괴는 1차 붕괴 과정이라고 생각된다. 몇 번 더 이러한 발병 증세가 나타나 리스크 테이크 버블의 증식과 붕괴가 되풀이될 것이다.

캔서 캐피털리즘은 언제쯤 완치되는 것일까? 그것은 의외로 멀지 않을지도 모른다. 그러나 그때까지는 지금보다 더 큰 고통을 겪어야만 할 것이다. 적어도 우리는 지금부터 그런 각오를 가져야만 할 것이다.

현대 자본주의와, 다단계 회사

현대 자본주의는 피라미드 판매조직이다. 이것이 돈이 늘어나는 이유이며, 경제 성장이 지속되는 메커니즘이자 자본주의의 본질이다.

피라미드 조직에서 출자금이 늘어나는 메커니즘은 단순하다. 다음에 가입한 사람의 출자금이 먼저 가입한 사람에게 배당되는 것일 뿐이다. 즉 새로운 사람이 가입하지 않으면 문제가 생기는 것이다.

잘 생각해보면 주식 투자도 이와 별반 다르지 않다. 소니 주식에 투자한 사람에게는 주가가 상승하는 것이 중요할 뿐이다. 경영이 잘되어 수익이 늘어나는 것은 좋은 일이지만, 직접적으로는 주가와 관계없다. 수익이 늘어나더라도 주식시장이 비관 일색이라면 틀림없이 주가는 떨어질 것이다. 그렇게 되면 곤란하다. 결국 산 가격보다 높은 가격에 팔수 있느냐 여부에 모든 것이 달려 있다.

높은 가격으로 팔 수 있는 것은 높은 가격으로 사주는 사람이 있기 때문이다. 높은 가격으로 사준 사람은 어떻게 할까? 당연히 다른 사람에게 또 판다. 더 높은 가격으로 말이다. 그리고 그다음 사람도, 다음의 다음 사람에게 판다. 모든 사람이 산 가격보다 높은 가격으로 팔 수 있다면, 그것은 소니 주식이 계속 상승하는 것을 의미한다. 소니 주가가 계속 상승하려면 소니 주식을 더 높은 가격으로 사줄 새로운 투자자가 지속적으로 유입되어야만 한다.

그러나 이것이 영원히 지속될 수 있을까? 최후에는 어떻게 될까?

소니가 아무리 훌륭한 기업이라 해도 창업은 전쟁 후의 일이고, 성공 가도를 달리기 시작한 것은 워크맨 개발 이후로 아직 30년도 지나지 않았다. 그런데 누구도 우량 기업의 최후를 생각하지 않는데, 참으로 이상한 일 아닌가.

물론 규모의 확대에 따라 경제는 성장한다. 한 사람 한 사람이 식재료 등 필수품을 얻기 위해 노동하기 때문에 인구가 증가하면 노동투입량도 증가하고, 세계 전체에서 소비하는 식재료나 의류도 증가하며, 경제는 팽창한다. 즉 인구 증가에 따라 경제는 성장하는 것이다.

그러나 1인당 생활수준은 상승하지 않는다. 인구가 증가해서 경제 규모가 확대돼도 경제의 질적 수준은 변하지 않기 때문이다. 실제 경제 성장이란 인구 증가에 따른 규모 확대만이 아니라 1인당 국민소득이 증가하는 것을 의미한다. 이것은 어떻게 해서 일어날까?

근대경제학의 시조인 애덤 스미스는 그것을 분업에서 찾았다. 분업에 따라 작업 효율이 향상되며, 경제 규모의 확대에 따라 경제는 더 효율적으로 바뀌고 부가 확대된다는 것이다.

애덤 스미스 이전에는 중농주의와 중상주의가 경제 논쟁을 벌였다.

중농주의자들은 무역을 통해 부를 축적하자는 중상주의는 식민지로부터 부를 수탈해올 뿐이라고 비판했다. 태양과 노동력을 이용해 농작물을 기르고 수확하는 농업은 말하자면 무에서 유를 만들어내는 것이며, 경제에서 새롭게 부를 만들어내는 과정은 농업밖에 없다는 주장이다.

애덤 스미스는 분업에 의해 노동 생산성이 높아진다면, 같은 노동력으로 더 큰 부를 만들어낼 수 있음을 보여주었다. 흡사 무에서 유가 만들어지는 것처럼 새로운 부가가치가 생겨날 수 있음을 입증한 것이다.

이것을 가능하게 한 것이 자본의 축적이었다. 자본 축적으로 분업이 점차 복잡해졌고, 생산 개시에서 판매 종료까지의 순환 주기가 길어졌음에도 이를 견딜 수 있는 경제체제가 성립했다는 얘기다. 따라서 경제 성장에서는 고도의 분업 체제를 가능하게 하는 자본의 축적이 필수적이다.

자본이 증가하면, 노동력 1인당 자본(도구, 기계, 설비 등을 의미한다-옮긴이)이 증가하며, 노동 생산성도 높아진다. 분업의 고도화 그리고 노동자 1인당 노동장 비율(기계·설비와 같은 유형고정자본은 노동자 인원수로 나눈 것으로 그 값이 클수록 노동 생산성이 높아지는 경향이 있다-옮긴이)의 상승은 노동 생산성 향상을 가능케 하기 때문이다. 성능이 더 뛰어나고 효율성이 높은 기계를 갖고 노동을 하면, 같은 사람이 더 많은 상품을 만들어낼 수 있다. 이렇게 해서 획득된 이윤은 기계와 인간, 즉 자본과 노동에 분배된다.

분업 이외에도 또 다른 경제 성장의 가능성이 존재한다. 기술 진보와 교육 투자에 의한 것이다. 기술이 진보하면 같은 자본 투입량에 비해 더 많은 것, 가치가 더 높은 것을 만들어낼 수 있다. 교육 투자 역시 노동력을 고도화시켜, 같은 노동력을 투입해도 더 많은 양, 가치가 더 높은 제품을 만들어낼 수 있게 된다. 기술 진보는 더 영리한 자본을 만들고, 교육은 더 영리한 노동력을 만든다. 생산성 향상으로 같은 자원을 가지고도 양과 질 면에서 예전보다 월등히 좋은 제품을 생산하여 경제가 성장하는 것이다.

이 두 가지가 경제학에서 밝힌 경제 성장의 주요 원천이다. 하지만 동일한 노동력으로 더 많은 상품을 만들어내더라도, 그것을 구매하는 사람의 돈은 어떻게 해서 생겨나는 것일까? 대량생산이 가능해졌다고 해서 구매자도 대량으로 만들어지는 것은 아니다.

수요가 없으면 대량생산을 해도 상품이 전혀 팔리지 않으므로, 실업을 없애고 경제 성장을 지속시키려면 어떻게 해서든 수요를 창출해야 한다.

자본주의는 자본주의 경제권이 아니었던 지역을 끌어들임으로써 신규 수요를 개척했다. 식민지, 사회주의 진영 등이 그것이다. 진보된 기술 및 자본 축적으로 인한 대규모의 효율적 생산을 토대로, 미개척지에 판로를 확장하여 기업들은 이윤을 늘렸다.

미개척지를 개척함으로써 전 세계 경제 규모는 확대되었다. 노동력이 증가하면서 자본은 상대적으로 희소해졌고 이윤이 증가했다. 노동력은 곧 인간이므로, 이들은 새로운 수요자가 되었다. 이렇게 해서 생산이 확대되었고, 부가 증가했으며, 그 부가 새롭게 개척된 지역의 노동력과 기존의 자본에 분배되면서 자본은 더욱 팽창했다.

하지만 세계 경제에서 미개척지는 급속하게 줄어들고, 자본의 팽창 속도는 점점 더 빨라졌다. 기술 혁신이나 생산 과정에 대한 추가 투자와 같은 자본 수요로는 자본의 팽창을 따라잡을 수 없다. 이윤이 떨어지면 자본은 다른 이익 획득 방법을 찾게 되는 법이다. 이것이 금융자본으로의 변화다.

산업자본이 금융자본으로 변화함에 따라 부가 형성되는 메커니즘도 바뀌었다. 즉 자본 이동에 의해 더 큰 부가 만들어지는 메커니즘이 성립한 것이다. 여기에서는 가장 효율적인 노동력(경영자까지 포함하므로 더 좋은 경영을 하는 기업이라 해도 좋다)에 자본이 앞다퉈 몰려들어, 더 많은 이윤을 창출하고, 그것을 노동과 자본으로 분배한다.

이러한 과정에는 다윈적인 적자생존의 법칙이 적용된다. 더 효율적인 노동력과 더 빨리 노동력을 활용할 수 있는 자본이 더 많은 이윤을 획득함으로써 살아남는 것이다. 이렇게 살아남은 자본은 이윤을 통해 축적을 가속화하며 팽창을 거듭한다. 산업 이윤의 축적에서 기원했지만, 그것으로부터 분리되어 독립한 금융자본은 독자적으로 이윤 기회를 찾아 세계를 누비는 것이다.

미개척지에 대한 투자에는 이미 이러한 요소가 내포되어 있기 때문에, 산업자본에서 금융자본으로의 이행은 자연스러운 과정이기도 하다.

이를 토대로 금융자본주의가 성립한다. 여기에서는 금융자본이 투입되는 속도와 그 양이 중요해진다. 뛰어난 금융자본이 이윤 기회를 잡고, 더 증식하게 된다. 이 이윤 기회는 산업자본과 달리 생산 과정에만 국한되지는 않는다. 투자를 통해 이윤을 획득할 수 있다면, 어떠한 기회라도 상관없다. 그 결과 일시적으로 값이 떨어진 자산을 사들여 가격이 올랐을 때 내다팔아 시세 차익을 얻거나 미래 희소하게 되어 가격이 앙등하리라 생각하는 것을 사둠으로써 이윤을 올리는 것이 이윤 획득의 핵심적인 방법이 되었다.

이러한 과정에 따라 이윤을 더 축적하고, 투자처에 대해 투입량과 속도를 더 늘린 금융자본은 점점 힘을 가지게 되었다. 대량의 자본을 가져야 더 강해지며 자본을 더욱더 증식시킬 수 있다. 이 때문에 금융자본의 자기증식이 가속화되어, 이 자기증식은 말하자면 금융자본의 본능이 되며, 수익 기회를 포착하여 그곳에 뛰어드는 것이 금융자본의 특징 중 하나가 된다.

이렇게 금융자본이 지배하는 사회에서는 자본주의의 본질이 분명해진다. 즉 자본이 중심인 체제로서, 경제는 자본의 자기증식 본능을 만족시키기 위해서 존재한다. 경제를 성장시키기 위해 투입된 금융자본이 경제에서 이윤을 만들어내는 결정적인 방법이 되면서, 그 금융자본이 주역이 되어 자기의 목적을 우선시 하는 것이다. 이렇게 경제와 금융이 주객전도되어, 경제는 금융자본의 이윤 획득, 수익 기회로 전락한다.

그러나 여기에서도 문제가 되는 것은 이 금융자본이 어떻게 해서 지속적 자기증식에 성공하는가 하는 점이다. 금융자본이 이윤을 얻으려면 투입된 금융자본에 대가를 지불해줄 사람이 있어야만 한다. 시장 경제에서는 모든 것에 가격이 매겨지게 마련인데, 그 가격은 수요와 공급으로 결정된다. 즉 가격이 높다는 것은 수요가 많고 공급이 적다는 것이며, 희소성이 높다는 것이다.

즉 금융자본이 자기증식하기 위해서는 금융자본 자체가 희소성이 높아야만 한다. 희소성이 없으면 돈을 치를 사람이 없어진다. 금융자본은 자기증식을 지속하므로, 그 증식 이상으로 경제가 확대되어 수익 기회, 투자 기회가 늘어야만 하는 것이다. 그러나 실물경제의 성장에는 한계가 있으며, 미개척지에도 한도가 있다.

결국은 이 미개척지(=새로운 수요)가 없으면 경제 성장은 이뤄지지 않으며, 생산 규모의 확대를 위한 금융자본이 더 이상 필요 없어진다. 그 결과 자기증식을 지속하는 금융자본에 대한 대가를 지불하는 사람도 없어져버리는 막다른 길에 몰린다.

이러한 문제를 해결하는 길이 바로 금융기법의 고도화다. 실물 측면에서는 부가가치를 만들어내지 않아도 금융 세계 속에서 부를 만들어내면 된다. 즉 더 매력적인 금융상품을 만들어내는 것이다. 그 사례가 금융공학이며, 증권화다. 다만 그로부터 만들어진 매력적인 금융상품도, 그것에 돈을 지불하는 사람이 없으면 의미가 없다. 결국 그 돈은 어디에서 생겨나는 것일까.

그것은 자기증식한 금융자본이 이전의 금융자본을 사들임으로써 성립한다. 금융자본이란 결국 돈이기 때문에 증식에 의해 늘어난 돈이 증식하기 전의 금융자본을 이전보다 높은 가격으로 매수함으로써, 이전의 금융자본에는 더 높은 가격이 붙어 가치가 커진 것처럼 보인다. 이를테면 경제 전체의 금융자본이 1,000조 엔에서 2,000조 엔으로 증가하더라도 그 금융자본의 투자처가 실물경제인 이상 실물경제가 같다면 변한 것이 없는데도 자본의 가치가 배로 늘어난 것처럼 보이는 것이다. 예를 들어 어떤 기업의 주식이 1,000엔에서 2,000엔으로 상승했다고 하자. 그러면 실상 그 기업에서 만들어내는 상품과 서비스는 전혀 변하지 않았음에도, 기업 가치 및 그에 투자한 금융자본의 가치가 배로 증가한 것처럼 보인다.

그 결과 이자가 붙어서 돈을 예금하면 돈이 늘어서 되돌아오는 것이며, 금융자본은 성장을 지속하게 되는 것이다.

그러나 금융자본의 팽창 과정이 영원히 지속될 수 있을까?

당연히 지속되지 않는 순간은 온다. 팽창한 금융자본이 금융시장에 항상 재투자를 지속할 수만은 없다. 지금은 가격이 비싸기 때문에 금융자본(주식·채권 등의 금융상품)이 더 싸진 후에 사는 게 좋다고 생각하는 순간이 오게 되는데 이때 이 계속적인 팽창은 파탄난다. 이것이 바로 버블 붕괴다. 1929년 대공황 때가 그랬다. 모든 사람이 자산 가격은 계속 떨어진다고 생각했기 때문에, 누구도 금융자본을 사려고 하지 않게 되었던 것이다.

피라미드 조직을 예로 든다면, 새로운 회원은 들어오지 않고 기존 회원이 늘어난 출자금을 그대로 계속 투입하지 않고 환수할 때 파탄난다. 피라미드 조직과 마찬가지로 버블도 사람들이 파탄나지 않는다고 생각하는 한 파탄나지 않지만, 대다수의 사람들이 파탄을 우려한 순간에 역시 파탄난다.

금융자본의 자기증식은 경제 성장이 영원히 지속될 수 없는 한 버블 말고도 유지할 수가 없다. 그리고 버블은 유지 불가능하기 때문에 이윽고 붕괴하고 만다.

그 붕괴를 초래한 것은 금융자본의 자기증식 욕구이기 때문에 자본 혹은 주주에게 의사결정권을 위임하면 자본의 뜻에 따라 회사를 파탄으로 이끌지는 않을까 하는 잠재적인 우려도 전혀 근거 없는 것은 아니라고 할 수 있다.

나는 현재의 서브프라임 쇼크에서 드러난 세계 금융시장의 상황을 금융자본의 자기증식이 유지 불가능해진 징후의 하나라고 생각한다.